LINDALVA JUSTO de OLIVEIRA

A bem-aventurada Filha da Caridade

- *Antônio: palavras de fogo, vida de luz* – Madeline Pecora Nugent
- *Camilo de Lellis: "Mais coração nas mãos!"* – Mario Spinelli
- *Charles de Foucauld: o irmãozinho de Jesus* – Jean-François Six
- *Francisco de Paula Victor: apóstolo da caridade* – Gaetano Passarelli
- *Irmã Dulce: o anjo bom da Bahia* – Gaetano Passarelli
- *Irmão Roger de Taizé: uma esperança viva* – Christian Feldmann
- *João Leão Dehon: o profeta do verbo ir* – Pe. Zezinho, scj
- *João Paulo II: um Papa que não morre* – Gian Franco Svidercoschi
- *Lindalva Justo de Oliveira: a bem-aventurada Filha da Caridade* – Gaetano Passarelli
- *Nhá Chica, perfume de rosa: vida de Francisca de Paula de Jesus* – Gaetano Passarelli
- *Paulo: apóstolo dos gentios* – Rinaldo Fabris
- *Rita de Cássia: a santa dos casos impossíveis* – Franco Cuomo
- *Santa Mônica: modelo de vida familiar* – Giovanni Falbo
- *Santo Agostinho: a aventura da graça e da caridade* – Giuliano Vigini
- *Teresa de Ávila: mística e andarilha de Deus* – Bernard Sesé
- *Teresa de Calcutá: uma mística entre o Oriente e o Ocidente* – Gloria Germani

Gaetano Passarelli

LINDALVA JUSTO de OLIVEIRA

A bem-aventurada Filha da Caridade

Dados Internacionais de Catalogação na Publicação (CIP)
(Câmara Brasileira do Livro, SP, Brasil)

Passarelli, Gaetano
Lindalva Justo de Oliveira : a bem-aventurada Filha da Caridade / Gaetano Passarelli ; [tradução Cacilda Rainho Ferrante]. – São Paulo : Paulinas, 2011. – (Coleção luz do mundo)

Título original: Lindalva: Il fiore rosso di Açu.
ISBN 978-85-356-2906-4

1. Beata, Lindalva Justo de Oliveira, (Irmã) 1953-1993 2. Vida religiosa e monástica I. Título. II. Série.

11-09995 CDD-282.092

Índice para catálogo sistemático:

1. Beatas : Igreja Católica : Biografia e obra 282.092

1ª edição – 2011
2ª reimpressão – 2021

Direção-geral: *Bernadete Boff*
Editora responsável: *Andréia Schweitzer*
Tradução: *Cacilda Rainho Ferrante*
Copidesque: *Mônica Elaine G. S. da Costa*
Coordenação de revisão: *Marina Mendonça*
Revisão: *Sandra Sinzato*
Gerente de produção: *Felício Calegaro Neto*
Capa e diagramação: *Telma Custódio*

Paulinas
Rua Dona Inácia Uchoa, 62
04110-020 — São Paulo — SP (Brasil)
Tel.: (11) 2125-3500
http://www.paulinas.com.br
editora@paulinas.com.br
Telemarketing e SAC: 0800-7010081

À Rossana.

SUMÁRIO

INTRODUÇÃO

“O coração é meu e pode sofrer, mas o semblante pertence aos outros e deve ser sorridente”; assim respondeu Lindalva um dia, a alguém que lhe havia perguntado qual o segredo daquele rosto sereno, daquela vitalidade jubilosa que transmitia felicidade aos outros e que contagiava quem estava por perto.

Existia, pois, um coração que resguardava ciosamente amarguras e problemas e, sobretudo, a consciência da necessidade de uma escolha.

Todavia, ninguém tinha percebido esse “tormento” escondido, nem mesmo quem vivia perto dela, tanto parentes como amigos. Todos a viam sempre alegre, serena e sorridente, com os problemas de qualquer jovem que estuda e tenta ajudar a família e que, depois de terminada a escola, procura um emprego. Inicia sua experiência de trabalho como balconista, funcionária ou caixa; nos fins de semana vai com os amigos à praia, dançar... e surge, como é normal, algum namoradinho.

Claro, porque Lindalva de repente começou a chamar a atenção, mas os namoradinhos não duravam muito tempo. Por quê? Aparentemente porque demonstrava cada vez mais não ter tempo à disposição: terminado o trabalho, havia sempre um “compromisso” que a ocupava. O verdadeiro motivo, no entanto, era outro: ela não conseguia se decidir.

Assim, o tempo passava e agora já tinha trinta anos. Muito para uma jovem brasileira.

Houve gente que começou a falar mal, insinuando que, por detrás daquela alegria, ela estava se tornando amarga, pois respondia, a quem lhe perguntasse por que não constituía uma família, que já tinha três sobrinhos, filhos de seu irmão, a quem amava como mãe!

O que fazia quando não estava trabalhando? Os amigos sabiam que frequentava a igreja e visitava as freiras, mas ninguém tinha uma ideia precisa do que realmente estivesse fazendo. Ela não falava; diante de cada pergunta de curiosos ou indagações, respondia somente com um sorriso apaziguador.

Sua família só descobriu quando Lindalva foi embora para se tornar freira: muitas crianças começaram a bater à porta pedindo ajuda ou simplesmente comida. Eram os meninos da favela dos quais ela cuidava, levando-lhes comida, roupas e qualquer ajuda em dinheiro a suas famílias durante seu tempo livre. E não só isso. Quando saía do trabalho, ia para o asilo dos velhos mantido pelas Irmãs da Caridade, a fim de prestar serviços como "voluntária".

Os velhinhos aguardavam sua visita porque era como uma rajada de alegria. Entrava cantando, abraçava uma velhinha, beijava outra... Tinha para cada um algum gesto de afeto: os idosos eram seus prediletos, porque dizia: "Foram abandonados pelas famílias, pela sociedade e pelo governo, como objetos descartáveis".

"Sim", disse certo dia a Superiora do Instituto, "esta jovem possui o amor ao próximo como deve ter uma boa Filha de São Vicente de Paulo".

Só precisava de um empurrãozinho, e isso aconteceu com a morte de seu pai João. Lindalva se decidiu: pediu para iniciar o caminho para consagrar sua vida a serviço de Jesus Cristo àqueles que são os mais fracos e desafortunados da sociedade.

Daquele dia em diante não somente seu semblante, mas também seu coração começou a refletir felicidade.

Claro que, como qualquer mulher que busca a perfeição, Lindalva conheceu as rosas e também os espinhos, porém, com a certeza de que por detrás da cruz sempre esteve o Senhor.

De fato, escreveu a uma amiga que tinha demonstrado intenção de entrar para a mesma Congregação:

> Não tenha medo, encontraremos muitos espinhos pelo nosso caminho, mas poderemos transformá-los em rosas; tudo depende de nós. Se cairmos, vamos nos levantar para encontrar o Cristo, que está presente em cada momento de nossa vida, mesmo naqueles mais difíceis; é aí que ele está presente, pode ter certeza disso.[1]

Várias colegas do Postulado e do Noviciado se lembram do grande amor que nutria pela vocação de Filha da Caridade, e o seu maior desejo era o de proferir os votos. Tinha muito medo de morrer antes de fazê-lo. Quando noviça, sempre perguntava à Diretora: "E se alguém morresse num acidente antes de ter pronunciado os votos, qual seria sua situação?". A Diretora respondia: "Deus aceitará os seus votos desejados".

E chegou o dia em que o Senhor quis marcar nela sua própria imagem de sofrimento e redenção. Depois da *Via*

---

[1] C (= Carta de) 22/08/1989.

Crucis da Sexta-feira Santa, enquanto servia o café da manhã a seus velhinhos, a Irmã Lindalva recebeu quarenta e quatro facadas. Foi morta por se manter coerente com a promessa feita ao Senhor, ao qual se tinha doado totalmente.

Na tarde daquela Sexta-feira Santa, quando a procissão de Cristo morto e de Nossa Senhora das Dores passou diante do Abrigo Dom Pedro II, diversamente dos outros anos, não só entrou no amplo jardim e na capela. O féretro do Cristo morto foi colocado de um lado, Nossa Senhora das Dores do outro e o caixão de Lindalva no meio.

O Senhor havia aceitado seus votos desejados...

Pretendemos contar a história "simples" desta mulher que ofereceu sua vida ao Senhor, baseada no testemunho daqueles que a conheceram ou conviveram longamente com ela e na documentação original dos arquivos.

UM DIA QUALQUER EM AÇU

Quinta-feira, 10 de setembro de 1942. Em Açu, no estado do Rio Grande do Norte, os sinos da Igreja Matriz dedicada a São João Batista badalaram em festa. Não se tratava de nenhum acontecimento especial: era só um casamento. Casava-se João Justo da Fé com Maria Lúcia de Oliveira. Dois ricos proprietários? Não, duas pessoas normais da população nordestina.

Diante da igreja reuniu-se um bom grupo de pessoas que esperavam a chegada dos cônjuges. Como sempre, durante a espera é comum fofocar sobre as roupas de um ou de outro, mas nesta ocasião comentava-se a total ausência dos pais dela.

João era viúvo com três filhos ainda pequenos, e não só isso: era bem uns quinze anos mais velho do que Maria Lúcia.

O pai dela se opusera desde o início: tinha recorrido a proibições e castigos, mas de nada adiantou; ao contrário, tudo isso havia fortalecido a decisão. E um belo dia a jovem fugiu de casa. Refugiou-se na casa de alguns parentes compreensivos e, finalmente, os sinos naquele dia exprimiam a alegria de ver seu sonho realizado.

A ira do pai chegara a ponto de proibir severamente a mulher e os filhos até de assistirem ao casamento, mesmo que de longe!

Depois da cerimônia, João foi à sacristia onde o pároco Mons. Júlio Alves Bezerra estava despindo os paramentos para agradecer-lhe, e deu-lhe em mãos um envelope com uma oferta: "É pouco", disse, "mas o senhor sabe que não posso dar mais".

Mons. Júlio o fitou e sorriu, depois lhe apertou a mão calorosamente, desejando-lhe tudo de bom. João agradeceu de novo e se despediu. Estava saindo da igreja, quando ouviu ser chamado.

O pároco tinha ido atrás dele e devolvido a oferenda, dizendo: "Você tem mais necessidade, já que a partir desta noite vocês serão cinco... e também fique com esta Bíblia e faça bom uso dela!".

Assim, o casal radiante de alegria saiu da igreja juntamente com os convidados. Formou-se um pequeno cortejo, João e Maria a cavalo, seguidos pelos três meninos num jegue, e depois todos os outros. Alegres, dirigiram-se ao distrito de Malhada de Baixo, que então começava a ser chamado pela gente da região de Sítio Malhada da Areia, onde João tinha uma casinha.

O amor entre o casal era fértil e Maria Lúcia, como uma planta saudável, teve treze filhos, um atrás do outro. Um morreu, e ficaram Daci, Djalma, Delsa, Antonio, Francisca, Lindalva, Manoel, Lúcia, Veridiano, José, Davi e Dalvani.

João era um pequeno proprietário, mas logo seu pedaço de terra se tornou insuficiente para alimentar aqueles passarinhos: assim, além de sua terra, cultivava também outros campos arrendados.

O jegue e o cavalo foram providenciais: além de ajudá-lo no trabalho no campo, logo serviram para levar os filhos à escola. Isso mesmo, porque João fazia questão de que todos, meninos e meninas, estudassem. Quando voltavam das aulas, os meninos ajudavam na lavoura, enquanto as meninas davam uma mão em casa.

A sexta da filharada, Lindalva, nasceu em 20 de outubro de 1953, e foi batizada pelo próprio Mons. Júlio em 7 de janeiro do ano seguinte, na capela construída havia pouco no distrito vizinho de Olho d'Água.

O DIA A DIA DA JOVEM LINDALVA

Seus pais, gente simples, mas com saudáveis princípios cristãos, tinham assumido de comum acordo a tarefa de educar os filhos. Maria Lúcia ensinava-lhes, conforme cresciam, as preces diárias como o Pai-Nosso e a Ave-Maria e cuidava para que nutrissem grande respeito pelo pai e afeto fraterno entre eles.

João era bastante religioso e tinha aproveitado bem a Bíblia presenteada pelo pároco. À noite, depois do jantar, chamava os filhos, fazia-os sentarem-se a seu redor e lia as histórias das Escrituras Sagradas. Desse modo, obtinha dois resultados: instruía-os na fé e enriquecia seu conhecimento do idioma.

Fascinado pelas histórias dos patriarcas antigos, queria imitá-los nos costumes diários; então, tinha habituado os filhos a escutar as histórias e, depois, antes de irem dormir, a pedir-lhe a bênção, beijando-lhe a mão. E ele, por sua vez, também beijava a dos filhos. Isto tudo para concluir um dia que se iniciara também cheio de significados. De manhã bem cedo, antes de ir trabalhar, chamava todos os filhos, reunindo-os para rezar e pedir proteção ao Senhor.

Quando ficava sabendo que haveria missa na vizinhança, ele juntava a família e iam todos à igreja.

Um homem com tais sentimentos não poderia aceitar a inimizade com o sogro; por isso, logo que surgiu uma ocasião tentou restabelecer a paz. Foi dessa forma que os dois homens acabaram por nutrir grande respeito um pelo outro.

A conduta de João, impregnada de tanta religiosidade e de grande amor pela mulher e pelos filhos, também se combinava com uma boa dose de severidade e disciplina.

Lindalva crescia nesse contexto familiar. Era muito apegada aos irmãos e sempre os defendia. Tinha uma natureza muito sensível ao sofrimento; logo era procurada para consolar quem chorava.

A mãe se lembrava de um episódio que poderia parecer banal, mas que, no entanto, revela essa característica particular da menina: uma das irmãs tinha jogado na mata a chupeta do irmãozinho. De noite o menino começou a chorar. Julgando que fosse manha, todos os demais não lhe deram atenção, ao contrário, começaram a ficar incomodados com aquele choro insistente. Lindalva, porém, saiu sorrateiramente para a escuridão com uma lanterna na mão, a fim de procurar a chupeta. Quando a encontrou, lavou-a e a restituiu ao menino, que, deixando de chorar, adormeceu feliz.

Não gostava de jogar bola como as irmãs. Todos na família a consideravam uma "velhinha", isto é, já amadurecida e responsável. Portanto, sabendo dos sacrifícios que o pai fazia para mantê-los na escola, comportava-se como uma abelha trabalhadora. Estava sempre disponível para ajudar a mãe além do que lhe era pedido. Aprendeu bem cedo a cozinhar e costurava roupas para os irmãos. Quando podia, gostava de brincar com bonecas que fazia com barro e depois vestia com retalhos de tecido.

Chamava a atenção o fato de que, balançando o berço dos irmãozinhos, ficava absorta e sonhava com os olhos abertos. As irmãs mais velhas zombavam dela, sobressaltando-a ao perguntar-lhe de repente no que estava pensando. Lindalva não se perturbava muito, fitava-as e sorria, sem, todavia, responder de forma malcriada.

O pai a chamava afetuosamente de "pororoca", porque era gordinha e tinha o hábito de carregar os menores nos braços. Gostava de dar uma de babá, não somente aos irmãos, mas também aos filhos de quem precisasse deixá-los para trabalhar.

Algum tempo depois, quando os filhos mais velhos tinham terminado a escola primária, João pensou em mudar com a família para Açu, a fim de que pudessem continuar os estudos. Vendeu a propriedade e comprou uma casa na periferia, no bairro de Rodagem, embora continuasse a trabalhar no campo nas terras arrendadas. O ano era 1961.

A MUDANÇA PARA A CIDADE

A família Justo de Oliveira era pobre, embora houvesse gente a seu redor em pior situação. Os vizinhos eram miseráveis e Maria Lúcia, não obstante tendo todas aquelas bocas para alimentar, quando fazia as compras da casa se privava sempre de alguma coisa para dar aos outros. Lindalva estava consciente disso e, por sua vez, começou a levar-lhes escondido tudo que sobrava em casa.

Sempre se criam vários tipos de laços de amizade com os vizinhos. A irmã mais velha, Delsa, um dia foi convidada para ser madrinha de Batismo de uma vizinha, que tinha muitos filhos pequenos. Todavia, o menino recém-batizado estava mal e isso atiçou o instinto maternal não tanto de Delsa, mas de Lindalva, a ponto de, quando o menino estava próximo da morte, passar as noites com ele.

Lindalva tinha um jeito todo especial para cuidar dos irmãos menores e das pessoas que necessitavam de cuidados, tanto que a amiga Francisca repetia sempre: "Você tem vocação para enfermeira. Quando crescer, por que não se torna uma?".

Tudo isto não deve nos levar a pensar que ela fosse uma garota mal-humorada ou chata; ao contrário, era vivaz e não se escondia quando as outras crianças da vizinhança brincavam ou apostavam corrida para jogar-se na lagoa do Ferreiro, subiam em árvores para colher frutinhas silvestres e comê-las ou faziam competições atirando pedras no lago.

Ela organizava concursos de bonecas de barro. Muitas vezes os meninos distraídos pisavam nelas enquanto secavam ao sol, provocando verdadeiros massacres. Sempre surgiam brigas, mas Lindalva não gostava de discussões e minimizava o fato dizendo que algumas tinham sido salvas e era preciso vesti-las. Assim conseguia apaziguar as animosidades e distraía as amigas, convidando-as a procurar retalhos de pano ou jornais com desenhos de moda para fazer os vestidinhos.

Quando alguém pensava em fazer alguma coisa que contrariasse as regras dos pais, que, como já se viu, eram muito severos, Lindalva o repreendia e dava um jeito de ninguém desobedecê-los.

Lindalva crescia e queria ficar bonita; então, sempre que podia, passava o tempo a escovar os cabelos e a maquilar-se com pó de arroz. As irmãs zombavam dela, chamando-a de "vaidosazinha". Ela não só não reagia, como as exortava a se cuidarem e usarem um pouco de maquilagem para ficarem mais bonitas.

O FIM DA ADOLESCÊNCIA

Maria Lúcia conseguiu uma vaga como inspetora de alunos e começou a trabalhar, provocando uma guinada econômica na vida da família. De fato, conforme os filhos cresciam e passavam a estudar, as necessidades aumentavam, mas logo que possível eles davam sua contribuição. Ajudavam na colheita do algodão, de feijão e de outros produtos agrícolas para ganhar uns trocados. Os mais velhos depois começaram a debandar para Natal, a capital, onde havia maiores oportunidades de emprego.

E chegou a hora de João, que, diante de uma boa oferta, vendeu a casa na periferia e comprou outra numa área mais central.

Lindalva, terminada a escola primária, tinha continuado os estudos na Escola Estadual Manoel Pessoa Montenegro, em Açu. Trabalhava como babá nas horas vagas e, quando os conhecidos precisavam de ajuda por doença ou qualquer outro motivo, eles a chamavam, e ela estava sempre disposta a ajudar simplesmente por amizade ou porque tinha prazer em fazê-lo. Mais tarde, porém, tentando sempre pesar menos no orçamento familiar, e com a concordância dos pais, começou a trabalhar como babá na casa de uma família abastada em troca de casa e comida. Estava feliz com seu trabalho, ao contrário de outras jovens de sua idade, que tinham vergonha de fazer esse tipo de serviço.

Porém, às vezes, quando tinha folga, desaparecia e não dizia a ninguém aonde ia: não tinha se esquecido dos velhos vizinhos da casa de periferia e sempre que juntava roupas usadas, mas em boas condições, ia levar para eles.

Mas a adolescência dava lugar à juventude e sua vida começou a assumir cada vez mais uma característica de seriedade: o espelho e o pente passaram a roubar-lhe cada vez menos tempo. Só ajustava as sobrancelhas, porque as gostava bem finas.

O desenvolvimento físico, o semblante sério e ponderado a faziam parecer mais velha do que era. As formas agora bem delineadas a deixaram bonita. Como é natural, começou a suscitar o interesse de alguns rapazes, mas Lindalva se demonstrava relutante a corresponder. Embora sempre assumisse mais uma índole positiva e extrovertida, aceitava um relacionamento de simples amizade, mas se retraía imediatamente quando via que o rapaz tinha outras intenções.

Um desses "pretendentes" foi o irmão da amiga Francisca, que começou a dizer que era seu namorado. Inicialmente Lindalva ria disso, mas quando ele começou a falar na frente dos adultos que queria se casar com ela logo que as circunstâncias permitissem, repreendeu-o mais de uma vez, dizendo: "Não nasci para me casar".

Tinha se tornado um pouco objeto de zombaria das amigas, que choravam de rir ao contarem o que acontecia quando iam ao cinema em grupo. Apenas as luzes se apagavam, o rapaz tentava pegar sua mão. Lindalva primeiramente se retraía, depois começava a olhar feio e, no fim, com uma expressão ameaçadora, que não lhe era natural, intimava-o a desistir.

Assim, aquele primeiro "noivado" não durou muito tempo, como muitos outros.

Não sentia nenhuma necessidade de participar das festas do padroeiro ou das festinhas entre amigos ou confraternizações dos adultos com um amigo fixo, um "namorado"; ao contrário, sentia-se melhor em grupo com as amigas "acompanhadas".

MUDANÇA PARA NATAL

O irmão Djalma tinha se casado e tido a primeira filha. Indo a Açu, propôs a Lindalva que fosse morar com ele em Natal. A mãe, no começo, não queria que ela também fosse embora de casa, depois foi convencida, quando o filho lhe disse: "Lindalva já tem dezoito anos, o que vai ficar fazendo aqui? Ela estuda e ajuda uma senhora sem receber nada, a não ser casa e comida. Deixe-a vir comigo, ela ajudará minha mulher a cuidar da menina e tira um diploma ao mesmo tempo".

Assim, em 1971, Lindalva mudou-se para Natal, onde completou os estudos e, em 1979, obteve o diploma de "assistente administrativo", na Escola Helvécio Dahe.

Ajudou a criar os sobrinhos, que agora eram três. Apegou-se muito a eles, mas principalmente criou um ótimo relacionamento com a cunhada.

Uma vez obtido o diploma, começou a procurar emprego. Primeiramente conseguiu um lugar numa fábrica de roupas, onde trabalhou por cerca de cinco anos. Ganhava um salário mínimo e, com esse dinheiro, comprava mais coisas para os outros do que para si mesma. Sempre comprava algo para os membros da família do irmão com quem morava, porque se sentia devedora de sua hospitalidade. Porém, também pensava em outra irmã e sobrinha que moravam em Natal.

Desse emprego foi para uma loja de roupas femininas como balconista, mas depois de alguns anos houve uma redução do pessoal e ela encontrou um lugar de caixa em outra loja no bairro do Alecrim. Durante esse período a família ficou preocupada, porque ela era responsável pelo caixa e devia sair com o dinheiro da firma para depositá-lo no banco. Depois passou a ser caixa num posto de gasolina.

Durante esse longo período, levava a vida de uma jovem comum e tinha amigos e amigas. Aos sábados e domingos ia à praia com eles ou com a família do irmão. Usava de preferência jeans e camiseta, porém sempre muito discreta.

O irmão, e principalmente a cunhada, às vezes percebiam que tinha simpatia por alguém porque se tornava ainda mais reservada do que o normal. Eles esperavam que se concretizasse alguma oportunidade, pois o tempo passava.

Na saída do trabalho, Lindalva voltava com a amiga Maria, com quem brincava e contava o que tinha feito durante o dia ou no dia anterior, em casa... Muitas vezes dizia que não tinha assistido à televisão e fora para seu quarto ler a Bíblia.

Quando não aguentava mais, Maria lhe perguntava explicitamente sobre os rapazes. Lindalva ficava em silêncio por bastante tempo. Não gostava de falar de assuntos que considerava extremamente íntimos e delicados. Depois de muita insistência acabou confessando à amiga que não tinha ninguém. Num dia de grandes confidências havia dito que em Natal surgiram dois ou três pretendentes, mas tinham durado pouco e nem a tinham impressionado.

A curiosidade não era uma prerrogativa de Maria, e também os demais amigos, em particular os parentes, se aproveitavam de qualquer ocasião para levar a conversa para um possível matrimônio, mas Lindalva exibia logo seu melhor sorriso e não respondia.

A ESCOLHA

O velho pai João, que havia quase sete anos tinha um tumor no abdome, passava tempos em Natal para o tratamento. Desse modo, Lindalva tinha oportunidade de dedicar-lhe muito afeto.

Como os grandes patriarcas que ele tanto admirava, João certo dia marcou uma reunião em Açu com todos os filhos que estavam na vizinhança. Contou-lhes que durante a noite tivera um sonho, em seu entender claramente premonitório: tinha visto sua mãe num grande lago a chamá-lo porque queria companhia.

Pediu-lhes para ficarem por perto, porque tinha pedido a um sacerdote que lhe administrasse a Extrema-unção. Terminado o ritual, abençoou os filhos presentes, exortou-os a perseverarem na fé em Deus e a conformar-se com sua vontade; depois disso, esperou com grande compostura que o anjo passasse para levar sua alma à presença do Criador. E não foi preciso esperar por muito tempo, pois veio no mesmo dia.

Tudo isso impressionou muito Lindalva: a dignidade e a fé demonstradas pelo pai eram marcas de um santo e, como os santos, ele tinha sido "avisado" da passagem.

Este acontecimento deve ser considerado um momento importante e decisivo para seu futuro. Prova disso é que, após a morte de João, seus dias começaram a ter outro ritmo e uma clara tendência. De fato, nas horas vagas aumentou suas visitas à Casa das Filhas da Caridade de São Vicente de Paulo e ao Instituto para os idosos.

Numa noite como tantas outras, Lindalva, ao encerrar o dia de trabalho, passou pela igreja para assistir à parte da missa que o horário lhe permitia. Sentia-se um pouco estranha. Parou junto ao último banco onde estava escuro: não tinha vontade de ir sentar-se nas primeiras filas.

Terminada a missa, Irmã Djanira Capistrano, Superiora da Casa das Filhas de São Vicente de Paulo, fez uma exortação sobre a necessidade de nos doarmos a Deus através do serviço aos irmãos mais fracos: crianças, idosos, doentes, sofredores. E insistiu muito sobre uma escolha generosa, sem indecisões, sem arrependimentos...

Lindalva entendeu esse convite, essa exortação, como dirigida a ela.

Sua alma, como um terreno fértil, estava pronta e descobriu através daquelas palavras a semente da vocação religiosa.

No dia seguinte, voltou à igreja e pediu para falar com a freira.

Sua vida, que até aquele momento parecia apagar-se pouco a pouco, como se lhe faltasse entusiasmo, de repente tinha recebido uma rajada de energia e entusiasmo. O sorriso e a alegria voltaram a iluminar-lhe o semblante. Suas forças se duplicaram. Portanto, aquilo que até então tinha sido uma simples colaboração, um "voluntariado", começou a ser um verdadeiro compromisso: terminado o dia de trabalho, ia ajudar as Irmãs no abrigo dos idosos ou simplesmente voltava para casa e se dedicava aos estudos, à leitura da Bíblia, a tocar violão. Tinha voltado a estudar; à noite frequentava o curso de Enfermagem para o Lar para obter não somente um simples diploma, mas também adquirir a idoneidade profissional que lhe permitiria cuidar dos necessitados com competência.

Diante de tanto entusiasmo e operosidade, a cunhada, o irmão Djalma e os sobrinhos pensaram a mesma coisa: "Desta vez Lindalva está apaixonada de verdade!". E esperavam a boa notícia de uma hora para outra.

Se, porém, tivessem ido ao abrigo onde ela era voluntária, teriam entendido de que paixão se tratava.

Ao entrar no abrigo, a jovem taciturna, cansada do dia de trabalho, se transformava, tornava-se alegre, cheia de vida, transbordante de alegria. O que explodia dentro dela? O amor a Cristo na figura do idoso, do necessitado.

Irmã Djanira, instrumento involuntário de Deus, desde o primeiro encontro a observava com atenção, como se quisesse registrar as mudanças que o entusiasmo da vocação pode provocar num indivíduo, e percebeu que Lindalva tinha um dom: sua alegria era contagiosa. Quando era hora de Lindalva passar pelo abrigo, havia muita expectativa da parte dos idosos. Ela entrava cantando, abraçava uma velhinha, beijava outra e tinha um gesto de afeto para cada uma. Se lhe pediam para tocar e cantar alguma coisa, ou simplesmente um serviço que podia ser dos mais humildes, ela o fazia como se lhe tivessem pedido que subisse no "carro do Sol". Assim, parecia que uma lufada de ar fresco invadia as enfermarias.

Certa noite, Irmã Djanira, vendo-a deixar o abrigo, disse a outra freira: "Para mim essa jovem tem realmente vocação!". Ela o declarou como se quisesse confirmar para si mesma que o que havia observado estava certo. E em 12 de setembro de 1987, escrevendo à Superiora da Província, Irmã Heloisa Maia de Vasconcelos, expressou claramente o que sentia:

> Escrevo-lhe a respeito de Lindalva, uma jovem que frequenta o Movimento Vocacional há mais de um ano, que já participou de dois encontros regionais e dos quinzenais. Ela demonstra ser uma jovem bem equilibrada, piedosa, com atitudes de uma boa Filha da Caridade. Sua família é pobre, só tem a mãe que também é piedosa e provém de família bem constituída. Trabalha num escritório. Atualmente está fazendo um curso de primeiros socorros, de violão e de leitura bíblica. Deseja entrar para o Postulado no próximo ano; levando em conta todo o seu modo de viver, amizades e vida cristã, sinto-me segura de que poderá ser aceita.

O pedido de admissão enviado logo depois por Lindalva à Provincial revela as expectativas amadurecidas nela:

> Escrevo para que possa me conhecer um pouco. Sou Lindalva Justo de Oliveira, tenho 33 anos de idade, completei a escola média, trabalho num escritório de contabilidade de segunda a sábado, graças a Deus gozo de boa saúde, pertenço a uma família numerosa composta de 14 irmãos, alguns já casados. Tenho quase tudo nesta vida, porém me falta um pedaço da família, meu pai, que morreu, e minha mãe que mora com meus irmãos. Somos uma família simples, mas correta.
> Já há muito tempo desejo entrar para a vida religiosa, mas somente agora estou disponível para atender ao chamado de Deus. Estou pronta para me dedicar ao serviço dos pobres.
> Peço-lhe humildemente para entrar no Postulado. Já participei de vários encontros que enriqueceram ainda mais minha vocação de seguir Jesus com mais amor. Quero ter uma felicidade celestial, transbordar de alegria, dedicar-me a ajudar o próximo, ser incansável no fazer o bem.
> Se sua resposta for afirmativa para adquirir este amor em Cristo, serei plenamente feliz.[1]

---

[1] C 13/09/1987.

OS PRIMEIROS PASSOS NA VIDA RELIGIOSA

E chegou o dia em que os amigos e familiares tiveram uma surpresa. Pensaram que aquela vocação tivesse aparecido repentinamente, mas em vez disso tinha passado por uma longa gestação para depois vir à luz de forma inesperada.

O caráter reflexivo e principalmente reservado não havia deixado transparecer nada nem aos amigos nem à família, já que coisa alguma se sabia da atividade beneficente. As palavras do Senhor a haviam impressionado desde menina:

> Guardai-vos de fazer as vossas boas obras diante dos homens para serdes vistos por eles; de outra sorte, não tereis recompensa junto de vosso Pai que está nos céus. Quando, pois, deres esmola, não faças tocar a trombeta diante de ti, como fazem os hipócritas nas sinagogas e nas ruas para serem glorificados pelos homens. Em verdade vos digo que já receberam sua recompensa. Mas, quando tu deres esmola, não saiba a tua mão esquerda o que faz a direita para que a tua esmola fique em segredo; e teu Pai, que vê no segredo, te recompensará. E, quando orardes, não sejais como os hipócritas que gostam de orar em pé nas sinagogas e nas esquinas das ruas para serem vistos pelos homens. Em verdade vos digo que já receberam a sua recompensa. Mas tu, quando orares, entre no teu quarto e, fechando a porta, ore a teu Pai em segredo; e teu Pai, que vê no segredo te recompensará (Mateus 6,1-6).

E então, como testemunhado pela irmã residente em Natal, depois de sua entrada no Postulado começaram a aparecer na casa do irmão Djalma, onde Lindalva morava, crianças que pediam comida, roupas e ajuda para subsistir, tornando clara a atividade caridosa prestada anteriormente.

Quando se amadurece uma escolha de vida, seja o matrimônio, seja a vocação religiosa, é necessário ter a própria fé em segredo e enveredar pela estrada; por isso, em 28 de novembro de 1987, Lindalva recebeu o sacramento da Crisma administrado pelo Arcebispo de Natal, Monsenhor Nivaldo Monte.

No dia 29 de dezembro desse mesmo ano, Irmã Edith Gomes da Silva, nova Provincial, respondeu afirmativamente a seu pedido para entrar no Postulado e fixou a data em que devia se apresentar na Casa Provincial de Recife. Assim, em 9 de fevereiro de 1988, em Recife, Lindalva se encontrou com aquelas que seriam suas companheiras no Postulado e Noviciado, as futuras Irmãs Rita de Cássia, Dejânia, Maria de Jesus e Inês.

Segundo as Normas de Formação Inicial, o Conselho Provincial, em 11 de fevereiro, mandou-a cumprir a primeira parte do Postulado com Irmã Rita de Cássia, na Comunidade do Educandário Santa Teresa em Olinda, no estado de Pernambuco.

Ao pedir sua admissão no Postulado, Lindalva tinha escrito: "Quero ter uma felicidade celestial, transbordar de alegria, dedicar-me a ajudar o próximo, ser incansável ao fazer o bem".

Estas palavras parecem constituir o propósito sobre o qual construir a vida espiritual baseada na felicidade em Cristo e no ao próximo.

De fato, o que mais impressionava as companheiras e um pouco todos os que tinham contato com ela era sua firmeza de vocação e a doação de si mesma a serviço dos pobres. Demonstrava, desse modo, ter atingido a própria realização ao implementar esses objetivos.

Seu Postulado, portanto, constituía uma espécie de treinamento para tal finalidade.

Escreveu à amiga Conceição, depois de apenas um mês no Postulado.

> Estou muito feliz! As coisas de Deus são muito estranhas, é como se eu sempre tivesse morado aqui, não sinto falta da vida que levava fora daqui. Não sei se me tornarei Filha da Caridade, meu destino está nas mãos de Deus, mas desejo com todo o coração que minha vida tenha somente um pensamento, aquele de servir com humildade no amor de Cristo.[1]

E em outra ocasião:

> Tudo vai bem e sou feliz.[2]

O juízo formado sobre ela na Comunidade do Educandário Santa Teresa de Olinda, depois de seis meses de Postulado (25 de agosto de 1988), revela a plena consciência de se estar diante de uma pessoa completamente tomada pelo amor ao Cristo sofredor. Foi escrito:

> A Comunidade informa que foi dada oportunidade a esta Postulante de continuar sua formação humana, cristã, espiritual e vicentina. A Postulante demonstra sinais positivos de boa vocação. Demonstra sensibilidade no serviço aos mais pobres dos pobres com os quais tem tido contato bastante direto. A Comunidade está feliz com isso.

---

[1] C 31/03/1988.

[2] C 07/08/1988.

O “contato direto” com os “mais pobres dos pobres” a que se refere o texto era a assistência a um grupo de meninos numa favela chamada Ilha de Maroim.

Com esses auspícios, no dia 27 de agosto seguinte Lindalva inicia a segunda etapa do Postulado na Comunidade da Casa de Caridade Imaculada Conceição em Nazaré da Mata (Pernambuco), onde eram acolhidos crianças e idosos.

A Irmã Maria Expedita, Superiora daquela Comunidade na época, colocou Lindalva a serviço dos idosos e teve oportunidade de constatar também a alegria e a disponibilidade para servir a todos, tanto na Comunidade como entre os pobres.

O objetivo de Lindalva não era somente aliviar os sofrimentos físicos e a consequente tristeza, mas nutrir o espírito dos idosos. Ela gostava muito de rezar com eles, principalmente o Rosário, intercalando-o com meditações e hinos à Virgem Mãe de Deus.

Sua prece preferida era de fato o Rosário. Sempre o tinha em mãos e justificava esse hábito com uma resposta que parecia ter sempre pronta na ponta da língua: “Há muita gente que precisa da minha ajuda e eu só posso rezar por eles”.

Assim pretendia fortalecer os idosos, mas também nutrir a própria alma.

A plena consciência do progresso de sua vida espiritual a tornou ainda mais feliz. Escreveu à amiga Conceição:

> Você já viu de perto como estou feliz, e a cada dia que passa me realizo no convite de Deus.[3]

---

[3] C 08/12/1988.

Certo dia, com uma simplicidade desconcertante, pediu à Superiora que a ensinasse a se tornar santa, porque sentia um grande desejo de sê-lo.

A Superiora lhe respondeu: "Minha filha, ninguém nasce santo; a gente se torna santo ao procurar a perfeição na vida cotidiana, em cada ação, por mais banal que seja".

Lindalva fitou-a intensamente como se quisesse fixar melhor a expressão, depois concordou, dizendo baixinho: "Quero ser santa!".

No fim da segunda etapa do Postulado (6 de junho de 1989), o juízo expresso pela Comunidade através da Superiora Maria Expedita coloca em evidência a procura no espírito através da ação e da prece diária que Lindalva praticava:

> Depois de uma convivência de nove meses, formulamos um juízo sobre seu caminho e chegamos à conclusão de que ela tem um grande desejo de crescer espiritualmente e é muito unida às companheiras. É uma jovem disponível, cortês, piedosa e trata os pobres com afeto e atenção. Assume o trabalho com responsabilidade e tem iniciativa. Quanto ao que diz respeito à minha observação pessoal, gostaria de acrescentar que Lindalva enfrentou com seriedade a fase de formação no Segundo Postulado. É muito devota, seja na Comunidade ou no serviço aos pobres, é ativa e organizada. É um pouco tímida, fala pouco, é sensível, chora com facilidade. Tem um temperamento forte, mas reconhece seus limites e aceita ser corrigida.

Entrementes, em 3 de junho de 1989, Lindalva escreveu à Provincial Irmã Edith:

> Peço-lhe humildemente para entrar no Noviciado com o ideal mais profundo de servir Jesus Cristo nos pobres.

A Provincial, depois de ter esperado pelo juízo de quem a havia seguido durante o Postulado, respondeu:

> Seu pedido de admissão na Companhia das Filhas da Caridade foi aceito pelo Conselho Provincial. [...] A data de seu ingresso no Noviciado depende da conclusão do prédio que já se encontra na fase final. Logo que tudo estiver pronto, eu a informarei. No meio tempo, permaneça em Socorro, ajudando nos trabalhos do retiro.[4]

Durante esse período de espera, escrevendo à amiga Amara, Lindalva exprime seu conceito de amor, permitindo--se entrever aquele "amor infinito" do Senhor que tinha conquistado totalmente seu coração:

> Ninguém neste mundo vive sem amor, sem um amigo, sem alguém que o faça sonhar, meditar, perder alguns minutos, ganhando o prazer de um refúgio, de um sorriso aberto, de uma palavra doce, de um abraço agradável, de um beijo afetuoso... por isso nossa vida é um eterno tornar-se amigo, é a busca constante desse alimento que nos faz crescer no amor de Cristo, que nos ama. [...] Vale a pena se esforçar na busca dessa realização [*consagrando a própria vida, tornando-se Filha da Caridade*], custe o que custar; a felicidade do encontro com Deus será triunfante.[5]

Com esse espírito, Lindalva se preparava para entrar no Noviciado. Uma decisão de uma mulher amadurecida que, em plena consciência de espírito, considera ter enveredado pelo caminho certo há tanto buscado.

---

[4] C 20/06/89.

[5] C 11/07/89.

O NOVICIADO

Em 16 de julho de 1989, iniciava com outras companheiras o Noviciado em Recife. Nesse mesmo dia escreveu à mãe:

> Hoje foi o dia mais feliz da minha vida, a entrada no Noviciado às sete horas da manhã, eu e outras cinco companheiras. Foi emocionante, havia muita alegria da parte de nossas superioras às quais devemos obedecer. Senti muito a falta de alguém da família, mas isto teria sido impossível. Já estou usando o hábito, é muito bonito, um azul para as solenidades, e outro bege para ser usado diariamente, mas o que importa de verdade é que estou muito feliz.[1]

É, porém, na carta à amiga Amara que estão concentradas as diretrizes da vocação e de toda a espiritualidade de Lindalva:

> Com o coração cheio de alegria e nostalgia estou escrevendo para lhe dizer como estou feliz por ter recebido a graça de ser chamada por Deus e de realizar hoje um Noviciado tão cheio de graça.
> Aqui tudo é graça, vivemos em profundo silêncio e união com Deus. A alegria é imensa, não é possível descrever o que eu sinto, como é maravilhoso sentir que Deus está presente em todos os momentos de nossa existência, e é através desse silêncio que posso sentir a presença de Deus dentro de mim. Os meus pensamentos e o desejo que tenho de amar Deus acima de todas as coisas me fazem sentir feliz. Existe aquele outro lado de nossa vida que é o amor pelas pessoas que conquistamos, mas é através do amor de Deus que amamos as criaturas; só não devemos deixar que esse amor seja maior do que o amor de Deus.
> Recebi sua linda cartinha que me trouxe muita alegria! E só em saber que está pensando em ir ao encontro, já é motivo de alegria

---

[1] C 16/07/1989.

para mim. Veja, você deve participar desse encontro; tenha coragem e fé que Deus lhe dará forças para descobrir sua vocação, mas você deve ter coragem e não deixar que sua família e os seus amigos interfiram na sua decisão, porque a nossa vida não é nossa, é de Deus, e ninguém vai vivê-la por nós. Entrega a sua família nas mãos de Deus e vai em frente, você vai se realizar como pessoa e como cristã.
Veja, Amara, seguir Jesus Cristo é muito difícil. Sabe por quê? Porque não temos a coragem de renunciar à nossa vontade, mas à medida que decidimos seguir Cristo, as graças serão abundantes para poder suportar nossa cruz. Tenha as qualidades para ser uma verdadeira Filha da Caridade. São Vicente e Santa Luísa estão esperando em nossa Companhia, e eu rezo muito por você, pedindo a Deus a graça para que você descubra sua vocação.
Não tenha medo, encontraremos muitos espinhos em nosso caminho, mas poderemos transformá-los em rosas, tudo depende de nós. Se cairmos, nos levantaremos para encontrar o Cristo que está presente em cada momento de nossa vida; mesmo nos momentos mais difíceis ele está presente, pode ter certeza disso. Deus me inspirou para que eu pudesse dizer a você tudo isto, eu sou apenas um instrumento nas mãos de Deus, que a ama muito e espera a sua resposta. Seu afeto, seu amor, sua doação de si mesma fazem de você uma pessoa maravilhosa.
Por isso Cristo está esperando por você para servir com amor e dedicação ao nosso irmão mais pobre, ali onde Jesus mora e nos espera. Aguardo ansiosamente uma visita sua. Sua família já veio me encontrar. Você não pode imaginar como fiquei feliz! Tenho ainda muitas coisas para dizer, mas não agora. Espero por você. A esperança se nutre da certeza que Deus nos ama, nos faz suportar todos os obstáculos da vida. Você é como o sol que ilumina e aquece o coração de nossos Irmãos.[2]

Uma espiritualidade onde a figura de Cristo está no centro de cada interesse. Não é o Cristo triunfante, mas o Cristo pobre, o Cristo sofredor. Esse Cristo fascinou Lindalva porque o havia visto sempre presente na vida para guiar,

---

[2] C 22/08/1989.

ajudar, perdoar, redimir. Portanto, uma espiritualidade simples, essencial, mas muito clara, que não ensejava hesitações nem mudanças de ideia.

Nesse período de formação se fortalece nela o pensamento de que somente uma adesão e uma entrega total da própria vida ao Senhor poderia dar um sentido à existência. De fato, ela escreve de novo a Amara:

> Tudo em nossa vida é passageiro, mas Deus é permanente, e é com esta confiança que vale a pena viver para se doar completamente a ele. Que a nossa vida se anule nele... façamo-nos silenciosas para servir aquele que tem tanto a nos dizer.[3]

A alegria e serenidade de espírito que vive no Noviciado, protegida dia após dia para realizar a própria felicidade em Jesus Cristo, provocam em Lindalva a preocupação de que o seu próximo, começando pelos familiares, se obstine, no entanto, na rotina, na indiferença religiosa e no pecado. Ela se vê prisioneira da ansiedade de rezar por eles, de saber, de conhecer suas realidades, porque os quer todos salvos, todos felizes, porque ela é feliz e eles não podem deixar de sê-lo.

O desejo de compartilhar é o bem procurado. Este é o aspecto verdadeiro que animou os cristãos dos primeiros tempos: a comunicação da Boa-Nova, isto é, a participação com os outros, começando por quem se ama, da felicidade, da alegria do amor de Deus.

Logo, nesse período de Noviciado existem diversas cartas que manifestam de diferentes maneiras esse fogo que ardia em seu peito.

---

[3] C 10/11/1989.

Nesse espírito de euforia e de entusiasmo, parecem ter sido colocados em suas costas dois espinhos: um parente alcoolizado e outra que vivia com um homem e não queria saber de casamento.

É de grande interesse a carta que escreve ao primeiro. É cheia de amor e compreensão, mas extremamente firme e decidida. Nessa missiva está todo o espírito de Lindalva: dar um sentido à própria vida projetando-se em direção ao outro, doando-se como fez o Senhor Jesus Cristo:

> Ultimamente tenho pensado muito em você. Lembrei-me de quando era adolescente e de como gostava de cuidar da Capelinha de Santo Antônio; recordo que até levava flores e não gostava que os outros o fizessem.
> Hoje você é um adulto e muito diferente daquele que tinha fé em Deus. Seria tão bom se você fosse como antes, não para cuidar da Capelinha, mas para encontrar e renovar sua vida e dar um bom exemplo de vida cristã.
> Hoje você tem uma filha. Já parou para pensar que exemplo de vida e de amor a Deus você está dando para ela? Qual é o ensinamento e a importância de Cristo que está transmitindo? Um dia você foi batizado, e depois confirmado quando recebeu a Crisma, e prometeu dar testemunho do amor de Deus.
> Sei que você é um homem bom e pode melhorar ainda, não bebendo mais. Está chegando o fim de outro ano e com ele a esperança de sua mãe e de sua filha de o verem curado do vício do alcoolismo. Olhe dentro de você: verá que a vida não faz sentido e, cada vez mais, você se rende ao álcool, e dessa forma jamais será feliz. Prometa a si mesmo que não vai beber mais. Quando se sentir tentado, peça forças à Maria Santíssima, peça a Jesus para dar um novo sentido a sua vida. Renove todos os dias o dom de sua vida, procure alguma coisa que lhe dê sentido sem precisar se refugiar num bar.
> Sabe, ..., se procurar comprometer-se com a Igreja, participando dos grupos de jovens e crianças e lutando junto com as pessoas para continuar a obra de Jesus Cristo, poderia ser muito feliz, construindo sua felicidade e a dos seus familiares. Pense sobre

isso e se dê um presente. Rezo muito por você e continuarei a rezar e, se for necessário, até farei Penitência para que você se realize como pessoa, seguindo Jesus, que lutou até a morte pela vida dos pecadores, doando a própria vida não como Deus, mas como pessoa humana, pela remissão dos pecadores. É nele que devemos buscar refúgio, somente nele vale a pena viver.[4]

A outra parente está grávida. Lindalva não pode fazer grande coisa; assim, pede à mãe que a estimule a regularizar seu relacionamento:

> Recebi o postal de ... nesta semana, e também fiquei sabendo de sua gravidez e estou muito feliz; espero que em dezembro, quando for visitá-la, possa o sacerdote regularizar-lhe o casamento, pois, como já sabe, somente a união perante a Igreja é válida diante de Deus. Esta também é uma oportunidade que tem de ir até ali. Pena que no dia em que falamos não pudemos tocar nesse assunto. Espero que possa adverti-la, principalmente porque conhece o valor disso tudo.[5]

Sua fé na eficácia da prece e na misericórdia que o Senhor tem pelos seres humanos é tal que não deixa nenhuma dúvida em sua mente:

> Fiquei feliz de saber que ... não bebe mais! Deus o ajude a vencer esse vício que o prejudica muito, e também aos outros, principalmente sua filha, a qual deve sofrer muito com a situação, porque não creio que existam razões que o levem a entregar-se à bebida. Rezei muito por ele e continuo a rezar, e sempre peço ao Senhor e a Nossa Senhora muitas graças a fim de que ele vença as tentações que o levam a se abater e a fazer sofrer as pessoas que o amam. Mas, com a ajuda de Deus, vencerá.[6]

---

[4] C 18/12/1989.

[5] C 14/10/1990.

[6] C 12/11/1990.

Lindalva atinge outra meta antes do fim do Noviciado: a amiga Conceição decidiu entrar para o Postulado das Filhas da Caridade. Esse fato lhe traz uma grande alegria espiritual. Mais uma vez se tem oportunidade de perceber como ela vive e vê através dos olhos de Deus, porque "somente nele vale a pena pensar no amanhã".

Escreve a Conceição:

> Hoje é outro dia de graça que o Senhor me concedeu. Não pode imaginar como é maravilhoso, principalmente, ter a graça de fazer o primeiro retiro. [...] Você verá como tudo é graça e como cada dia se tornará mais importante do que o outro; mesmo na tristeza e nas quedas que de vez em quando acontecem em nossa vida, da mesma forma devemos louvar e agradecer a Deus por tudo o que nos acontece. É a partir desses momentos que crescemos diante de Deus e de Maria [...]. Em todos os momentos de minhas preces há um desejo tão grande do amor de Deus que um dia o alcançarei, mesmo que seja o último de minha vida. Como é belo amar a Deus e a sua santa Mãe! Se eu amo você, meu coração está em Deus. Posso ver Deus apenas através das pessoas com as quais estou em contato, seja quem forem. Tudo se transforma em alegria, em amor, em contato com a vida, com a natureza; é importante ser livre para amar e compreender que somente nele vale a pena pensar no amanhã; quando penso e vejo as criaturas, os animais, a natureza, estou muitíssimo segura do amor e da misericórdia de Deus em relação à humanidade, tão ingrata e cheia de si.[7]

Noutra missiva endereçada à mesma Conceição, Lindalva fornece seu conceito decorrente da reflexão sobre a chamada e o serviço aos irmãos em nome do Senhor e pelo Senhor:

> É preciso deixar-se conduzir por ele, na tristeza, na alegria, em resumo, em cada momento de nossas vidas. Carregando a cruz

[7] C 21/01/1990.

nós conhecemos o amor de Deus. Foi o próprio Jesus quem disse: "Quem abandonar o pai, a mãe, os irmãos por causa do meu Reino, eu os restituirei em cêntuplo". Minha amiga, tenha coragem, não pense nas coisas do mundo, pessoas, fantasias que o mundo oferece, porque tudo isso passa, exceto o mundo de Jesus Cristo, de doação, de serviço, de sofrimento, de serenidade por causa do Reino e, por que não dizer, com maior contentamento por poder servir Cristo num gesto de renúncia a si mesmo, vendo Cristo no pobre sofredor esquecido pela sociedade. Jesus disse: deixa tudo, tudo de verdade; é preciso desnudar-se para me seguir; não quero só a metade, não, quero tudo; venha e me siga. Que alegria poder seguir Jesus, que privilégio, que amor! É impossível resistir a tanto bem.[8]

Lindalva desenvolvia um trabalho pastoral com os doentes de um hospital em Recife, onde os pobres eram muito numerosos e desprovidos principalmente de roupas, sendo na maior parte das vezes pessoas oriundas do interior do país ou mendigos. Estes últimos chegavam ao hospital e eram despidos para ser tratados. Os enfermeiros jogavam suas roupas em qualquer canto e depois não se sabia onde tinham parado. Assim, os doentes se viam sem roupas quando convalescentes. Este fato entristecia muito Lindalva, que se esforçava para encontrar-lhes roupas. Procurava-as e depois, se necessário, as adaptava recorrendo a sua experiência de costureira.

Nesse período, a impressão que Lindalva causa em suas companheiras pode ser resumida pelas palavras de uma delas:

Durante o Postulado e o Noviciado demonstrou-se mulher de profunda fé, aceitando com tranquilidade as regras e decisões das Superioras; participava assiduamente dos atos de caridade da Comunidade e tomava parte na Eucaristia com muita devoção.

[8] C 18/01/1993.

Sentia muito afeto por Nossa Senhora e, dado que sabia compor e escrever, preparou muitos cânticos de louvor a Nossa Senhora. As freiras cantavam alguns. Quando ocorrem coisas adversas, é normal que as pessoas percam seu equilíbrio, se tornem nervosas, mas Lindalva superava isso com tranquilidade.

O modo de Lindalva divulgar a "Medalha Milagrosa" demonstra o profundo amor que sentia pela Mãe de Deus. Toda vez que a distribuía, ou entregava a alguém, fazia uma verdadeira catequese, explicando um por um todos os símbolos que estavam gravados relativos às Sagradas Escrituras. Fazia tudo isso por amor a Deus e não simplesmente por uma tendência natural ou imposta pela instituição.

Assim se passaram os meses do Noviciado que chegava ao fim. Mesmo que Lindalva não o dissesse abertamente, das cartas se infere que a vida no convento não constitui o fim de sua vocação; aceita-a somente como experiência temporária de preparação para a vida religiosa que projeta com relação aos doentes, sofredores, necessitados: o ideal que almeja pôr em prática. De fato, escreve à mãe:

> A vida no Noviciado é sem novidades. A única coisa que tem de novo é que toda quinta-feira vamos visitar os doentes no Hospital da Restauração, e isto me dá cada vez mais certeza de que Deus me colocou no caminho certo.[9]

No fim do Noviciado, ela é definida pela Diretora, Irmã Ivanir Rodrigues de Araujo, em sua ficha pessoal: "Pia, alegre, comunicativa, zelosa, cortês, simples, prudente, apostólica, com um grande amor em relação aos pobres, diligente na prática da virtude, viril, compreensiva, sincera".

---

[9] C 14/10/1990.

Estas poucas linhas destinadas a delineá-la de maneira clara exigem uma observação: como numa personalidade aparentemente simples, como parecia ser a de Lindalva, as facetas eram tais e tantas a ponto de que não se acredita poderem ser resumidas com uma ou duas palavras, mas somente recorrendo a uma série de adjetivos?

Termos esses que exigiriam um comentário específico, o que nos levaria para longe de nossa finalidade, mas que merecem, todavia, nossa atenção.

De uma análise atenta destas poucas linhas, pode-se deduzir que quem as escreveu inconscientemente focalizou essencialmente uma importante virtude teologal: a caridade. Paradoxalmente se pode dizer que a marca da ficha pessoal se reduz a somente um termo, e que por isso em Lindalva ressaltava a virtude da caridade.

Entretanto, a caridade projeta-se para o divino (caridade em direção a Deus), como parece querer dizer a expressão: "Diligente na prática das virtudes". Esta propensão para a perfeição espiritual (*as virtudes*) era provocada nela pela vontade (*diligente*) do exercício da compaixão (*pia*), do zelo com respeito às coisas de Deus (*zelosa*), porque sua alma era *simples* como uma pomba, mas *prudente* como uma serpente, segundo a recomendação de Jesus a seus discípulos (Mateus 10,16).

Existe também a segunda expressão: "com grande amor com relação aos pobres", que nos remete ao segundo aspecto da caridade, aquele para com a humanidade (caridade para com o próximo). Como se viu anteriormente, Lindalva pretende abraçar a vida religiosa não tanto por sua dimensão contemplativa, mas sim a ativa, caritativa em relação aos irmãos necessitados; por isso, quando serve aos pobres, idosos, doentes, mostra-se *alegre, comunicativa, cortês, compreensiva, sincera*; logo, querendo evidenciar que procurava curar não somente o corpo, mas também a vida espiritual, se recorre ao adjetivo *apostólica*. Outro adjetivo que, no entanto, poderia despertar um pouco de assombro é *viril*, isto é, era firme, determinada, forte, características que na tradição machista eram atributos masculinos. Não foi à toa que entre as anotações está escrito: "Seu temperamento é forte, às vezes é indelicada e autoritária", e se explica como essa firmeza seria boa, até mesmo indispensável: "Coordena uma sala de idosos com quarenta homens, muito afeita a seu trabalho".

Em outras palavras, o juízo escrito naquela ficha pessoal constitui uma espécie de retrato da personalidade humana e espiritual de Lindalva, onde cada adjetivo é uma flor que concorreu para formar uma guirlanda, a qual, no momento oportuno, se transformou na coroa oferecida ao Senhor.

"O coração é meu e pode sofrer,
mas o semblante pertence aos outros
e deve ser sorridente"
(Bem-aventurada Lindalva de Oliveira Justo).

Casa modesta onde Lindalva morou antes de entrar para o noviciado.
Em seu pedido de admissão à Provincial das Filhas da Caridade, escreveu:
"Somos uma família simples, mas correta".

Cerimônia litúrgica de envio em missão pela Provincial, Irmã Edith Gomes da Silva, em 26 de janeiro de 1991.

Sempre de mangas arregaçadas, Irmã Lindalva era a imagem da operosidade, da entrega e da disponibilidade, sem descuidar da sensibilidade e da caridade ao menor dos irmãos.

Abrigo Dom Pedro II, instituto para idosos das
Filhas da Caridade de São Vicente de Paulo,
onde Irmã Lindalva trabalhava coordenando a enfermaria.

Local do martírio, onde Irmã Lindalva, logo após a *Via Crucis*
da Sexta-feira Santa de 9 de abril de 1993 foi esfaqueada 44 vezes,
deixando-nos seu testemunho de amor e doação a Cristo.

Em 17 de janeiro de 2000, o Cardeal Primaz do Brasil,
Dom Geraldo Majella Agnelo, a pedido do postulador da causa,
Pe. Paolo Lombardo, constituiu o tribunal para dar início ao processo
informativo sobre a vida, o martírio e a fama da Serva de Deus,
Lindalva Justo de Olveira.

A cerimônia de beatificação foi precedida por uma Vigília de Oração, celebrada na Capela do Instituto Nossa Senhora do Salette, colégio das Filhas da Caridade, no dia 1º de dezembro de 2007, quando foi exposta pela primeira vez a imagem de Irmã Lindalva.

4

SALVADOR E BAHIA
EDITORA-COORDENADORA
Marlene Lopes

SALVADOR, DOMINGO, 2/12/2007

SALVADOR
& região metropolitana

salvador@grupoatarde.com.br

DIVERSÃO A Fenagro termina neste
ainda dá tempo de adultos e crianças curtirem
momentos de lazer no evento. É uma ótima
os pais levarem seus filhos para conhecerem
campo, montarem pôneis e comprarem filho

FÉ I Irmã Lindalva torna-se beata em rito católico no Estádio do Barradão

Beatificação é cerimônia inédita em Salvador

Mãe, irmãos e sobrinhos de Lindalva Justo, em frente à casa de Maria Lúcia, mãe da religiosa, na cidade de Assu, no Rio Grande d

No domingo 2 de dezembro de 2007, a Igreja proclamou beata Ir. Lindalva, reconhecendo oficialmente seu martírio.

Em nome do Papa Bento XVI, o cardeal José Saraiva Martins presidiu o rito de beatificação, no Estádio Manoel Barradas (Barradão), em Salvador. Disse ele em sua homilia: “Uma mártir dos nossos dias, para servir de exemplo particularmente aos jovens por seu testemunho de simplicidade, pureza, alegria de viver e doação a Cristo”.

D. Maria Lúcia, mãe de Lindalva, acompanhada do filho primogênito, conduz o relicário, seguida da Provincial das Filhas da Caridade, durante a missa de beatificação.

"O sangue da vítima será a semente de novas vocações, não somente para as Filhas da Caridade, como também para todas as Congregações da Igreja de Deus" (Cardeal Dom Lucas Moreira Neves).

Exposição do quadro da Bem-aventurada após leitura da Bula.

Filhas da Caridade de São Vicente de Paulo, irmãs do Brasil e do mundo, reunidas por ocasião da beatificação.

DESTINO: SALVADOR

Em 26 de janeiro de 1991, com a conclusão do período de formação, como era costume entre as Filhas da Caridade de São Vicente de Paulo, houve uma cerimônia litúrgica em que as noviças pediam à Provincial que as enviasse em missão.

Na igreja perfumada por incenso e flores, diante de toda a Comunidade reunida em prece, na nave central estavam as seis candidatas. A atmosfera estava impregnada de profunda emoção. São seis esposas esperando partir para encontrar o Esposo nos idosos, doentes, crianças, sofredores.

Após uma comovente homília feita pelo Diretor Provincial, Padre Luiz, a Provincial Irmã Edith se colocou também no centro da nave, de frente para as candidatas.

Estas, a um sinal prefixado, dizem em coro:

– O Noviciado nos preparou para este grande momento. Reconhecendo a bondade de Deus em relação a nós, estamos cientes de assumir um empenho. Senhor, agradecemos por este período de formação que nos permitiu aprofundar nossa vocação de Filhas da Caridade. Colocamo-nos sob a proteção da Virgem Santíssima e de nossos Santos fundadores, São Vicente e Santa Luísa. Pedimos a Irmã Edith, nossa Provincial, que nos envie em missão.

A Provincial lhes responde:

– Como São Vicente fazia com as primeiras Irmãs, eu agora pergunto: Irmãs, vocês querem ser Filhas da Caridade?

As jovens respondem em coro:

– Sim, quero!

A Provincial:

– Se tiverdes agora essa intenção, digam!

As jovens respondem em coro:

– Sim, meu Deus, com todo o meu coração eu o desejo e quero ser uma verdadeira Filha da Caridade por meio de vossa Santa Graça.

A Provincial:

– Quero crer, minhas caras Irmãs, que, depois deste período de intensa preparação, conheçam mais profundamente a excelência de sua vocação de Servas dos Pobres e as exigências inerentes. Sabem muito bem que consistem essencialmente em "honrar nosso Senhor Jesus Cristo como fonte e modelo de toda a caridade, servindo-o física e espiritualmente nas pessoas dos pobres". Prestarão como serviço um amor simples e humilde. Fiquem tranquilas e se entreguem à Divina Providência nesta obra tão santa. Deus as acolheu entre tantas outras para irem trabalhar em sua obra e realizar aquilo que o Filho de Deus fez na terra.

A essa altura a ansiedade chegou a seu clímax, porque a Provincial estava para comunicar o destino de cada uma. A voz firme pronuncia os nomes um por um:

– Irmã Inês: Natal, Escola São José.

– Irmã Lindalva: Salvador, Abrigo Dom Pedro II.

– Irmã Hélia Márcia: Maceió, Casa do Pobre.

– Irmã Maria de Jesus: Maceió, Colégio Imaculada Conceição.

– Irmã Maria Dejânia: Salvador, Instituto Nossa Senhora da Salette.

– Irmã Rita de Cássia: Salvador, Escola Medalha Milagrosa.

E conclui com voz comovida, mas com tom inspirado:

– Vão para os irmãos, partam em missão!

As jovens Irmãs em uma só voz:

– Estou disposta a prosseguir. Desejo ir aos pobres em resposta ao chamado de Deus e da Igreja.

A Provincial:

– Que Deus as abençoe e, a fim de que possam executar bem sua obra, lembro-as dos ensinamentos deixados por Santa Luísa em seu Testamento Espiritual às Filhas da Caridade: "Cuidem bem dos serviços aos pobres e, principalmente, vivam juntos em grande união e cordialidade, amando-se uns aos outros para imitar a união e a vida de nosso Senhor... Peço-lhes que amem muito a Virgem Santíssima como nossa única mãe".

Eleva-se a essa altura a prece fervorosa das jovens "enviadas":

– Receba, ó Deus clementíssimo, com as preces e méritos da Beata sempre Virgem Maria, de todos os Santos e todas as Santas, a homenagem da nossa Consagração a seu serviço. Aceite com indulgência o pouco que fazemos e digne-se em sua misericórdia de nos perdoar o que foi feito com negligência, vós que, como Deus na perfeita Trindade, vivestes e reinastes por todos os séculos. Assim seja.

Terminada a cerimônia, deixando a igreja, as jovens se abraçaram comovidas. Todas as coirmãs vão lhes dar os parabéns, com um gesto de afeto, e na emoção há sempre alguém que faz um gracejo providencial nesses momentos para diminuir a tensão emotiva.

Assim Lindalva foi enviada ao Abrigo Dom Pedro II na cidade de Salvador, na Bahia, onde fica encarregada da coordenação de uma enfermaria de idosos. A escolha não é casual. Chegara ao Conselho Provincial um pedido para terem uma Irmã que pudesse trabalhar entre os idosos. Não houve dúvidas quanto a quem enviar.

Certamente naqueles dias antes de partir ou logo após, Lindalva sente a necessidade de escrever à Irmã Maria de Jesus que foi enviada ao Colégio Imaculada Conceição de Maceió, capital de Alagoas. Trata-se de propósitos que contemplam uma lembrança recíproca e contínua da prece; todavia, existem muitos elementos auspiciosos que refletem as mesmas intenções.

> Façamos uma promessa diante de Deus de sermos, ou ao menos tentarmos ser, simples e humildes nas vicissitudes que, certamente, enfrentaremos em nossa vida. Fiquemos unidas nas mesmas preces e que Nossa Senhora seja o testemunho de nosso percurso e pronuncie sempre nosso nome diante de Deus. Desejo que você seja muito feliz em qualquer lugar para o qual vá, sempre transmitindo a bondade e a suavidade de Jesus Cristo.
> "Não tenhas medo porque te resgatei e chamei pelo nome, tu me pertence. Se tiveres que caminhar sobre a água, estarei contigo, os rios não te afogarão: se atravessares o fogo, não te queimarás, a chama não te arderá porque eu sou Jeová teu Deus, o Santo de Israel, teu salvador. Porque tu és precioso a meus olhos, porque és valioso e eu te amei, darei homens em teu lugar e nações em troca de tua vida" (Isaías 43,1-4). Este é o amor de Deus por nós. Que Deus nos dê sabedoria e docilidade para servir bem os pobres, "nossos senhores e mestres".
> Seja sempre como uma pedra preciosa, límpida e bela, sempre para Deus.[10]

---

[10] C ?/01/1991. [Não se sabe ao certo o dia em que foi escrita].

MÃOS À OBRA

Chegando a Salvador, encontrou esperando-a a Superiora, Irmã Maria Tereza Brainer de Lira, e com ela foi para o bairro do Roma. Pegando a avenida Luiz Tarquínio, Lindalva estava espontaneamente entrando no hospital à sua direita. A coirmã lhe disse afetuosamente: “Não é aqui, esta é a Obra da Irmã Dulce, nosso Abrigo é mais adiante”.

“Ah!”, exclamou Lindalva. “Ouvi falar dela. Disseram-me também que está muito mal.”

A Irmã Maria Tereza concordou e seu semblante ficou triste. “Um dia destes vou levá-la até lá, assim conhecerá uma santa... Eis aqui o nosso Abrigo”.

A Irmã Lindalva se viu diante de uma estrutura imponente no estilo neoclássico colonial. Um portão grande levava para um belo jardim arborizado. Uma alameda central conduzia diretamente a um prédio de dois andares, branco, marcado por uma série de arcos com solenes janelões. Uma balaustrada com estátuas e grandes vasos de cerâmica azul e branca delimitava o pátio descoberto com um pavimento de tabuleiro de xadrez. Um edifício elegante quase em contraste com a função a que se destinava a ter, como se quisesse esconder as muitas misérias de uma humanidade necessitada.

À esquerda, meio escondido pelas árvores, se entrevia algo arquitetonicamente muito mais austero, também com dois andares, onde ficavam alojados os idosos: no andar térreo as mulheres; no superior, os homens.

Seguindo pela alameda, Irmã Lindalva, tomada pela curiosidade, fez algumas perguntas sobre aquele edifício. A Superiora lhe explicou brevemente como no fim do século XIX, visto que a ala do Hospital dos Lázaros não tinha mais um número de idosos necessitados vivendo pelas ruas, pensou-se em fundar um Abrigo de Mendigos. Para fazê-lo foi escolhida uma fazenda que pertencia ao Comendador Machado, no bairro de Boa Viagem. Com a contribuição do Governo Imperial e de um comerciante português, o Comendador Manoel Antonio de Andrade construiu aqueles prédios, capazes de acolher um grande número de pessoas. Tinha-se pensado erroneamente de ter resolvido o problema definitivamente. O complexo, inaugurado em 29 de julho de 1887, começou a ser chamado de Palácio da Boa Viagem.

Até 1895 tinha sido administrado pelos frades franciscanos e depois passado para a jurisdição da Santa Casa de Misericórdia, que acabou confiando sua direção à instituição das Filhas da Caridade.

O nome Abrigo Dom Pedro II lhe foi dado somente em 18 de julho de 1943. A Superiora complementou as informações dizendo que o Instituto acolhia velhinhos e velhinhas, pobres e abandonados, afastados da família, e alguns doentes crônicos desabrigados. E, dando um grande suspiro de resignação, acrescentou: "É uma instituição comunitária e, como tal, sofre a influência dos vieses econômicos ou dos humores dos administradores. É, pois, muito pobre. Querida Irmã, você certamente vai ficar no Instituto que sem a menor dúvida é o mais pobre de todos aqueles que nós administramos".

Depois das apresentações de praxe, a Irmã Lindalva foi encarregada da coordenação da enfermaria chamada São Francisco, com quarenta idosos, situada no andar superior do edifício à esquerda.

Atirou-se logo de corpo e alma ao trabalho, instaurando um bom relacionamento de trabalho não só com a Superiora e as coirmãs, mas também com os internos. Ali também entrava cantando na enfermaria e, depois de alguns dias, já se lembrava dos nomes de todos.

A Irmã Maria Elba declarou: "Víamos sua sensibilidade para com o idoso pobre e comentávamos entre nós a vocação especial da Irmã Lindalva para com os 'idosos' pobres: era impressionante. O interessante era que falava dos pacientes de quem cuidava citando seus nomes, não os esquecia".

Os atendentes e os voluntários entenderam que não se podia mais dizer "esta é minha tarefa, aquela é a sua"; onde era preciso, encontrava-se Irmã Lindalva com as mangas arregaçadas, e diante de sua disponibilidade e seu exemplo, ninguém se atrevia a dizer alguma coisa ou a se esquivar.

Assim, na Comunidade, durante a recreação estava sempre alegre e inventava brincadeiras para levantar o moral. Era muito simples com todas as pessoas, não se lamentava ao cuidar de ninguém e, principalmente, procurava o melhor para seus internos.

O Instituto possuía um micro-ônibus e o motorista trabalhava somente de segunda a sexta-feira. Havia necessidade de outra pessoa que dirigisse fora do horário do motorista e nos fins de semana para transportar os idosos e as Irmãs nas mais variadas necessidades.

A Irmã Lindalva prontamente, com a ajuda de alguns amigos, cursou a autoescola e tirou a carteira de habilitação.

Com a concordância da Superiora, frequentou o Curso de Catequese Bíblica, de 8 a 12 de julho de 1991, promovido pela Pastoral da Juventude e ministrado pelo Arcebispo Primaz em pessoa, Dom Lucas Moreira Neves, e pelo Padre Antonio Joaquim Neto, Padre Carlos Petrini, Irmã Sara Gurgel, Anailton dos Anjos e Padre Sérgio Merleni.

Com poucos instrumentos, os idosos e a voz doce de Irmã Lindalva formaram um coro, promovendo a alegria e transformando a missa... Em resumo, ela tinha se inserido sem economia de energias nas necessidades da instituição.

No dia 20 de outubro daquele ano, 1991, desde cedo a enfermaria estava agitada. A Irmã Lindalva no andar de cima e a Irmã Geraldina no andar térreo pareciam piões: eram chamadas de cá, outros a chamavam de lá. Todos tentavam vestir as melhores roupas, embora remendadas ou ajustadas pela Irmã Lindalva. Depois, quem era capaz de caminhar e ficar de pé por bastante tempo, seguiu as duas Irmãs para fora. Devia-se ir pegar um lugar junto das barreiras para poder ver de perto o Papa. Isso mesmo, João Paulo II naquela manhã faria uma visita à Irmã Dulce em seu leito de dor. Era uma ocasião para ver o Papa de perto e receber sua bênção.

Lindalva há um mês tinha preparado seus velhinhos para tal encontro e eles estavam muito exaltados por aquele acontecimento excepcional, do qual se falou por muito tempo.

No fim desse mesmo ano, um problema de saúde obrigou-a a parar. Em janeiro de 1992, foi obrigada a se submeter a uma intervenção cirúrgica devido a cistos. Ela informou a mãe com estas palavras:

> Em janeiro deverei ir à Recife fazer um retiro espiritual e, logo depois, farei uma pequena operação para tirar uns cistos do ovário. É uma coisa simples, está tudo nas mãos de Deus, não se preocupe nem fique aflita. Na vida acontecem essas coisas, nada é eterno; somente Deus sabe o que é bom para cada um de nós, reze por mim e me perdoe por não ter dado notícias.[1]

Dos exames descobriu-se que seria necessário fazer outra operação devido a cistos, mas desta vez no seio.

As coirmãs que cuidaram dela antes e depois das operações lembram-se de tê-la visto sempre alegre, paciente e pouco exigente.

Recebendo alta do hospital, as Superioras mandaram-na ficar com a família por algum tempo. Para a mãe preocupada, Lindalva dizia que não era nada de importante e, para tranquilizá-la, nunca deixou de trabalhar e ajudar em casa. Naquela ocasião, a mãe Maria Lúcia se lembra de tê-la ouvido dizer: "Graças a Deus recebi uma graça, porque fui operada e não sinto nada".

---

[1] C 04/12/1991.

SEMPRE A SERVIÇO

Depois desse pequeno parêntese, Irmã Lindalva voltou para o Abrigo e se jogou de cabeça no trabalho. A Superiora, Irmã Maria Tereza, escreveu como avaliação daquele ano: "Diligente, busca o melhor para seus pacientes. Esforça-se por atingir o espírito da vocação. Disponível. Quando está disposta, deixa a recreação muito animada. Às vezes se impacienta. De temperamento forte. Tem dificuldade para perdoar. Saúde boa, foi operada de um cisto no seio".

Sua enfermaria tinha muitos idosos fracos, alguns acamados, que se queixavam de dores ou dos outros. Ela ia todos os dias ali consolá-los, ouvindo, sugerindo oferecer aquele sofrimento a Jesus ou fazendo algum gracejo para levantar o moral. Parava para ouvir mesmo quem era ranzinza por natureza e reclamava de tudo.

Queria que os velhos se sentissem ativos e, por isso, pedia-lhes que, segundo suas possibilidades, fizessem pequenos trabalhos fora ou dentro do Instituto, os quais depois compensava com alguns trocados, roupas ou sapatos. Quem conseguia caminhar, toda quinta-feira era convidado para fazer um passeio até o Santuário do Bonfim ou visitar outras igrejas.

Tinha se tornado uma boa motorista e aos domingos, quando acompanhava o sacerdote para casa, levava junto os idosos que não podiam caminhar; assim eles também davam sua saidinha e não se sentiam discriminados.

Era afetuosa com todos, mas firme ao fazer observações sempre que alguma coisa não ia bem ou sobre como deviam se comportar. Se tivesse sido num ambiente diferente, não teria havido escrúpulos de chamá-la de “mocetona”.

Quando pedia que fizessem alguma coisa, tomava a frente como um capitão e sua tropa e, cantando alguma cançãozinha, participava sempre dos trabalhos mais pesados e humildes. Depois vigiava todos para que se lavassem e trocava pessoalmente suas roupas. Cuidava para que suas camas fossem limpas. Embora houvesse empregados, ela também limpava os banheiros e o chão da enfermaria. Fazia o mesmo nas acomodações das Irmãs. De manhã à noite, parecia um carro de corrida, um furacão que carregava tudo que encontrasse pelo caminho.

Tratava todos do mesmo jeito, não fazia diferenças, mas tinha um fraco pelas pessoas muito debilitadas ou doentes graves.

A Irmã Lindalva não se preocupava somente com o bem-estar físico, mas também com a salvação espiritual de todos, começando pelos velhinhos que lhe tinham sido confiados. Levava-os para se confessar e receberem a comunhão. Se algum dos internos estivesse acamado, chamava o capelão para lhe administrar o sacramento da Eucaristia.

Participava sempre dos atos em que se reunia a Comunidade e, quando tinha um pouco de tempo livre, ia à capela rezar.

Os idosos a admiravam muito e, quando havia missa ou a *Via Crucis*, todos a seguiam. Possuía uma voz harmoniosa e animava os momentos de prece com belos cânticos.

Se à noite precisasse voltar à enfermaria para cuidar de algum velhinho doente, sempre pedia à Irmã Geraldina, responsável pelo setor dos idosos, que a acompanhasse.

Dizia-lhe: "Quer dar um passeio? Então, vamos". E saíam juntas.

No dizer da Superiora, a Irmã Lindalva sempre manifestou um caráter sério, demonstrando-se amadurecida e equilibrada. Todo mês ia encontrá-la e lhe falava de sua vida espiritual e do seu trabalho no setor, de forma a atualizá-la, discutir algum caso ou simplesmente receber um conselho.

As coirmãs e numerosas mulheres que a tinham conhecido lhe faziam confidências, porque sabiam que ela não revelaria nada a ninguém.

O bom relacionamento que conseguira estabelecer com a Direção do Departamento Social da Prefeitura, bem como com o Serviço Social e os profissionais da área social para troca de experiências, muitas vezes tinha favorecido a solução de casos difíceis, com a possibilidade de recuperar algum idoso que de outra forma não teria tido outros advogados defensores.

Sua alegria e seu dinamismo eram contagiantes, e motivo de estima e admiração não somente da parte dos "seus" velhinhos, mas de todos aqueles que tinham contato com ela.

A atividade caritativa da Irmã Lindalva não terminava dentro do Abrigo, mas prosseguia também eventualmente fora.

Tinha começado a fazer parte do movimento dos Voluntários da Caridade no Núcleo da Paróquia de Nossa Senhora da Boa Viagem, chamado Santa Luísa de Marillac. Para melhor organizar o trabalho, o grande grupo tinha sido dividido em subgrupos. Devido a um estranho plano da Providência, Lindalva tinha entrado para fazer parte daquele intitulado Santa Maria Goretti.

Ela ia com os voluntários à periferia visitar as pessoas idosas e doentes. Eram ocasiões para descobrir a realidade da indigência extrema que inevitavelmente compeliam Irmã Lindalva a exercer pressão sobre o Serviço Social para que se providenciasse um refúgio com a internação no Abrigo ou com uma assistência mais frequente.

Nessas visitas, Irmã Lindalva conheceu a realidade de uma família em que o pai e a filha eram ambos inválidos, completamente abandonados pelos demais parentes. Tinha se afeiçoado muito a Leninha – assim se chamava a jovem –, que, por causa de uma hemorragia cerebral, ficara totalmente inválida. Para alegrá-la, já que ainda era jovem, ela cantava: "Deus é bom p'ra mim / Deus é bom p'ra mim / Contente estou / Caminhando eu vou / Deus é bom p'ra mim".

A serenidade e a alegria que Irmã Lindalva encontrava em seu trabalho a favor dos outros eram tais que eram percebidas de todos os modos pelas coirmãs e por quem estava perto. Mesmo nos momentos de maior tensão, ela era alegre e sorridente, porque tinha uma grande esperança em Deus.

"Tenho Deus comigo", dizia, e acrescentava mostrando a coroa do Rosário: "Tenho isto para me proteger".

Rezava o Rosário com os velhinhos e sempre o tinha enrolado na mão para aproveitar qualquer pausa durante seus deslocamentos. A Virgem Mãe de Deus era tudo para ela.

Assim se passaram dois anos de quando Irmã Lindalva chegara ao Abrigo: todos a amavam e ela estava contente glorificando o Senhor.

OS PREPARATIVOS DA PROVA

> Ora, chegado o dia em que os filhos de Deus vieram apresentar-se perante o Senhor, veio também Satanás entre eles. O Senhor perguntou a Satanás: "Donde vens?". E Satanás respondeu ao Senhor, dizendo: "De rodear a terra, e de passear por ela". Disse o Senhor a Satanás: "Notaste porventura o meu servo Jó, que ninguém há na terra semelhante a ele, homem íntegro e reto, que teme a Deus e se desvia do mal?". Então respondeu Satanás ao Senhor, e disse: "Porventura Jó teme a Deus debalde? Não o tens protegido de todo lado a ele, a sua casa e a tudo quanto tem? Tens abençoado a obra de suas mãos, e os seus bens se multiplicam na terra. Mas estende agora a tua mão, e toca-lhe em tudo quanto tem, e ele blasfemará de ti na tua face!". Ao que disse o Senhor a Satanás: "Eis que tudo o que ele tem está no teu poder; somente contra ele não estendas a tua mão". E Satanás saiu da presença do Senhor (Jó 1,6-12).

Estas palavras que dão início às provas de Jó podem ser usadas como prelúdio do grande teste que foi feito com Lindalva.

Os mestres da espiritualidade, entesourando a sabedoria antiga, nos ensinam que, quanto maior a perfeição que se quer atingir, maiores são os testes aos quais Deus nos submete. Lê-se, de fato, no livro Sabedoria: "Pôs à prova como o ouro no cadinho e os graduou como a dádiva de um sacrifício" (Sabedoria 3,6). E o Eclesiástico confirma, completando o conceito: "[...] porque o ouro se prova com o fogo e os homens bem acolhidos no cadinho da dor" (Eclesiástico 2,5).

Em janeiro de 1993, devido a uma recomendação política, certo Augusto da Silva Peixoto, embora tivesse 46 anos de idade, havia obtido a possibilidade de usufruir de casa e comida no Abrigo Dom Pedro II, onde, para ser admitido normalmente, era exigida uma declaração de indigência e de abandono pela Assistência Social e uma idade mínima de 60 anos.

Apoiando sua aceitação internamente está um assistido chamado Maurício, conhecido de todos com o apelido de "Coração", devido a sua doença cardíaca. Assim Augusto foi admitido no setor São Francisco.

O homem não tinha um caráter fácil. Estava sempre agitado e nervoso. Se alguém brincasse com ele, enraivecia-se bastante. E logo tinha se tornado presunçoso: de manhã tomava o café da manhã e saía; quando voltava para o almoço, queria encontrar a comida quente. Estava sempre atrasado e Irmã Lindalva, sem se intimidar, o repreendia dizendo que devia chegar na hora certa, se quisesse encontrar a comida quente. De qualquer maneira, a Irmã sempre guardava sua refeição.

Não se passou muito tempo e Augusto se enamorou de Irmã Lindalva; porém, não era bem uma paixão, mas sim um claro desejo sexual.

Todos os internos perceberam. E alguns o repreendiam, fazendo-o notar que ela era uma freira, mas ele, com um sorriso zombeteiro, respondia: "Eu não quero a freira, quero a mulher! E ela não é uma mulher como as demais?".

Certo dia teve o descaramento de falar-lhe explicitamente. Daquele momento em diante, Irmã Lindalva passou a tratá-lo com muita prudência. Esse comportamento naturalmente envaideceu Augusto, que não perdia ocasião para lançar alguma alfinetada ou fazer alguma alusão: "Você é uma freira bonitinha... é diferente das outras... você é uma mulher... não posso desperdiçá-la...".

A religiosa, todavia, fingia não ouvir, mas sofria internamente.

Ela se confidenciou com Irmã Cristina: "Esse sujeito está apaixonado, e é descarado comigo". Falou também com as amigas do Voluntariado e pedia a todas que rezassem por ela.

Iniciou-se para a Irmã Lindalva um grande sofrimento moral e a consciência do perigo que sua virtude corria.

Uma tarde, enquanto se dirigia à Igreja de Boa Viagem, viu Augusto sentado num banco na alameda, assumiu uma expressão preocupada e disse à Irmã Maria do Carmo que a acompanhava: "Aqui é muito difícil. Sei que todas as freiras sofrem em seus setores, mas no meu é pior por causa daquele homem que está ali".

A coirmã respondeu-lhe: "Mas por que não conta à Superiora?".

"Já contei a todo mundo a quem poderia contar", foi a resposta resignada de Irmã Lindalva. Não obstante estas dificuldades, ela permanecia regularmente em seu lugar, porque se tinha afeiçoado aos velhinhos e por nenhuma razão os teria abandonado.

Lindalva possuía um caráter forte, seguro, não conhecia medo ou fraqueza; já se falou anteriormente a propósito do adjetivo *viril*, escrito em sua ficha pessoal no fim do Noviciado. E não mudava nunca: "Prefiro que meu sangue seja derramado do que ir embora", disse durante uma recreação na Comunidade.

A Irmã Lindalva certamente não queria que fossem os velhinhos a sofrer devido à "loucura" daquele homem, nem outra coirmã que viesse substituí-la; portanto, recorreu ao Serviço Social. Provavelmente achou que uma chamada à ordem de quem podia decidir sobre a presença dele teria o poder de induzi-lo a um comportamento diferente.

Era uma quarta-feira, dia 30 de março, quando Lindalva se dirigiu à assistente social que ocupava o posto de diretora do Setor Social do Abrigo.

Relatou o comportamento de Augusto, pedindo uma repreensão bem enérgica; contudo, por vergonha absteve-se de se referir às propostas indecentes. Contou episódios em que o homem tinha se demonstrado presunçoso, como quando queria obrigá-la a comprar-lhe medicamentos sem lhe dar o dinheiro. Ela havia oferecido aqueles disponíveis na casa, mas ele não os quis. E também que queria que guardasse comida para ele, mesmo fora do horário (jantar às 17 horas), e outras coisas similares; porém, não falou daquelas frases muito explícitas que o homem tinha lhe dito.

A assistente social naquele mesmo dia chamou Augusto e lhe pediu maior respeito para com a Irmã e todos os companheiros, que não pretendesse nada além de seus direitos e, principalmente, que cumprisse seus deveres.

Augusto queixou-se que antes a Irmã era muito mais prestativa com ele e que guardava sua comida, saía para fazer compras, mas que ultimamente não queria fazer mais nada.

A assistente esclareceu que não devia confundir disponibilidade caritativa com um serviço exclusivo para ele. Ela era o guia de todos.

Portanto, foi repetido a Augusto que seu direito era o direito de todos e que Irmã Lindalva, sendo uma Irmã de Caridade, estava a serviço de todos os pobres e não podia dedicar-se a ele de maneira exclusiva.

É verdade que a assistente social, não conhecendo a razão fundamental, não poderia ter feito mais do que isso, enquanto ficava claro que Augusto, insatisfeito em seu pedido, tinha se tornado cada vez mais presunçoso, para provocar ainda mais sua vítima: não só a comida quente ao voltar atrasado, mas também o jantar quente fora do horário e remédios particulares comprados com o dinheiro dela.

Tinha se queixado com a assistente sobre um comportamento diferente com relação a ele. Mais do que natural, porque Irmã Lindalva havia entendido que qualquer gesto de cortesia que fizesse seria interpretado por aquela mente distorcida como um sinal "particular" de atenção e, por isso, de "interesse sentimental/sexual" em relação a ele.

Como era de se prever, depois da repreensão da assistente social, se desencadeou no homem uma mistura de ciúme, ódio e frustração. Sentia-se humilhado por aquele chamado, que teve um efeito exatamente oposto ao desejado pela Irmã e pelos outros.

Passaram-se cinco dias e o ressentimento do homem cresceu a ponto de amadurecer um projeto criminoso.

Na segunda-feira, dia 5 de abril, Augusto comprou por cerca de quarenta mil cruzeiros, na Feira de São Joaquim – um mercado popular não muito distante do Abrigo –, uma peixeira.* E a partir dali suas noites foram agitadas e de insônia.

---

* Faca grande usada para cortar peixe, usada no Nordeste do Brasil como arma. (N.T.)

A noite de 8 de abril deve ter sido particularmente agitada, porque a inquietação de Augusto chamou a atenção de alguns idosos. Viram-no levantar-se muitas vezes e ir ao banheiro. O vizinho de cama lhe perguntou por que estava tão inquieto, e ele respondeu que tinha insônia. A mesma resposta havia dado àqueles que dormiam perto do banheiro.

Pela manhã saiu cedo do Abrigo, como se tivesse que ir trabalhar em algum lugar.

TRÁGICA SEXTA-FEIRA SANTA

No dia 9 de abril, Sexta-feira Santa, como já acontecera na segunda-feira, o dia da Irmã Lindalva começou às quatro e meia da manhã para participar da *Via Crucis* na Paróquia de Nossa Senhora da Boa Viagem.

As ruas vizinhas da paróquia eram percorridas, fazendo-se de tanto em tanto paradas para as estações da cruz. Rezava-se, cantava-se e celebrava-se o caminho da cruz.

Como em todas as outras manhãs daquela Semana Santa, terminada a procissão penitencial, a Irmã Lindalva tinha tido o cuidado de voltar para o Abrigo, porque devia servir o café da manhã aos idosos. Indo apressada pela alameda da esquerda que levava a sua enfermaria, não notou que Augusto estava sentado num banco.

Ela subiu as escadas e virou logo à direita onde ficava a cozinha e o refeitório. No centro da sala tinham sido juntadas as mesas, de forma a constituir uma só bem grande, enquanto na parede do fundo ficava atravessada uma mesa atrás da qual Lindalva servia o café da manhã e as refeições. Olhando-se esta parede do fundo, à esquerda, via-se uma porta que se abria para uma escada externa que levava ao jardim.

Irmã Lindalva subiu e preparou o leite e o café, depois se posicionou como de costume atrás da mesa atravessada e começou a servir os idosos.

Ali perto estavam Valdomiro, Raul, Júlio e Severiano, enquanto outros já estavam sentados à mesa central e tinham começado a comer.

Augusto, como já se disse, tinha-se colocado na alameda que dava para a enfermaria, e sentado num banco para controlar a passagem de Irmã Lindalva. Havia esperado alguns minutos que, segundo seus cálculos, a Irmã teria levado para chegar a seu local de trabalho e, então, subira a escada externa que o levaria diretamente à cozinha-refeitório.

Aberta a porta acima das escadas, viu-se às costas de Lindalva. Tocou-a no ombro e, quando ela se voltou, ele lhe deu a primeira facada mortal na clavícula esquerda. O golpe atingiu a veia jugular e penetrou profundamente no pulmão.

A pobrezinha estendeu o braço como para afastá-lo, mas foi atingida por uma segunda facada violentíssima no peito. Seus lábios apenas pronunciaram: "Que Deus me proteja!" e, enquanto sua alma atingia o Esposo Celestial, o corpo caiu por terra. Augusto, no entanto, continuou a golpeá-la com uma violência extraordinária, embora estivesse consciente de que a mulher já estava morta. Parecia que devesse desafogar um ódio sem fim. Sua ferocidade não tinha nada de humano.

As palavras das testemunhas, aterrorizadas por tanta ferocidade, poderiam parecer exageradas ou fruto de um estado emocional alterado. Tomemos emprestados agora os números frios dos golpes desferidos e sua localização como aparecem no relatório da autópsia. O cadáver apresentava:

> [...] quarenta e quatro (44) feridas com lacerações perfurantes irregulares, de diâmetro que variava de um centímetro (a menor) a 13 centímetros (a maior), localizadas nas seguintes áreas: interescapular (5), dorsal destra (1), lado esquerdo (5), posterior da coxa esquerda (1), parietal temporal esquerda (1), região esquerda do rosto (2), sobreclavicular esquerda (2), membro superior

esquerdo (5), peitoral esquerdo (4), hipocôndrio esquerdo (3), epigástrico (4), peitoral direito (5), membro superior direito (1), parietal direito (1), quirodáctilo esquerdo (4).

Os velhinhos que estavam ali ao redor, ao perceber o que acontecia, tentaram intervir, mas Augusto, brandindo furiosamente a peixeira, ameaçou dar-lhes o mesmo tratamento.

Alguém mais expedito esgueirou-se pelas escadas e correu para chamar a Irmã Geraldina no andar de baixo.

Ela subiu correndo e se viu diante de uma cena terrível: a coirmã caída numa poça de sangue e Augusto, que no auge da excitação homicida agitava a peixeira, gritando: "Ah, deveria tê-lo feito antes!".

Foi ao encontro dela ameaçando-a também, mas depois se sentou num banco. Enquanto limpava a peixeira nas calças, dizia como num devaneio: "Nunca quis! Eis a sua recompensa...".

O idoso que descera para avisar Irmã Geraldina, nesse meio tempo, tinha se atirado para fora e vendo que na alameda o Dr. José Aníbal, cardiologista e médico do Abrigo, falava com a Superiora Irmã Maria Tereza, foi em direção a eles, gritando: "Corram, corram...", mas o fôlego entrecortado devido à corrida e à emoção não o deixou dizer mais nada.

Pensando que tivesse estourado uma briga no pavilhão dos homens, os dois apressaram o passo e foram para lá. Subindo as escadas se viram diante de Augusto com a peixeira na mão, como se ele não tivesse feito nada de anormal.

O assassino olhou para o médico e lhe disse: "Pode chamar a polícia, não vou fugir; fiz o que devia ser feito".

Ditas essas palavras, sentou-se numa cadeira e permaneceu imóvel.

O médico se precipitou para dentro do refeitório e encontrou a Irmã Lindalva mergulhada no sangue que escorria pelo pavimento. Constatando que não podia oferecer nenhum socorro à vítima já sem vida, apressou-se a chamar a polícia e os órgãos competentes para os procedimentos legais e burocráticos.

Chegando a polícia, levaram embora o assassino, que não opôs nenhuma resistência.

Logo chegou também um juiz. Colhidas as provas pela polícia, às 10h30 os responsáveis do Instituto Médico Legal recolheram o corpo martirizado para a autópsia.

A Superiora Irmã Maria Tereza e a Irmã Maria do Carmo acompanharam os exames dos restos mortais e permaneceram o dia todo no Instituto Médico Legal.

Foi chamada para fazer a autópsia a Dra. Iraci Gomes Bonfim, que naquela manhã tinha feito a *Via Crucis* com Lindalva. Depois de passadas seis horas, começou a autópsia conforme a lei. Quis o Senhor que naquele dia não houvesse outros casos e, assim, os médicos puderam se dedicar a suturar os inumeráveis cortes. A Dra. Iraci escreveu uma declaração pessoal que mostra de que forma foi considerado o sacrifício de Irmã Lindalva:

> Não obstante a tristeza que eu sentia, olhava o corpo de Irmã Lindalva e repeti várias vezes: "Pobre Irmã, estava a serviço de Deus e foi tratada assim". Apesar do quadro tão grotesco, eu não estava espantada, sentia somente paz e muita coragem ao cuidar dela. Como uma esposa que precisa de atenção especial em suas

bodas, assim eu via a Irmã, que ia para o casamento perfeito, concluindo sua obra com o sacrifício da própria vida pelos outros. Dela não guardei nenhum medo ou lembranças tristes que pudessem me tirar o sono, o que já tinha acontecido em outras ocasiões semelhantes no meu trabalho.

Nesse meio tempo, a Superiora foi ao Abrigo pegar o hábito. Em torno das 17 horas, a Dra. Iraci, ajudada pelas Irmãs Maria do Carmo Lima e Soledade Duarte, vestiram o corpo e o ajeitaram no caixão.

A Irmã Maria Tereza, como Superiora, ficou responsável pela dolorosa tarefa de informar a mãe de Lindalva, Maria Lúcia, e a Provincial.

Certamente o telefonema para Maria Lúcia foi o mais trabalhoso. Tentou fazer rodeios, mas o coração da mãe percebeu que havia alguma coisa grave: "Irmã, por caridade, lhe peço, me diga a verdade, toda a verdade. O que aconteceu com Lindalva?", e sua voz morreu na garganta.

"Foi um golpe", recordou depois de tanto tempo Maria Lúcia, "mas com a graça de Deus e a ajuda dos filhos, eu superei a dor. Em nenhum momento senti raiva do homem que tirou a vida de minha filha. Entendi que ele não estava bem. Recebi o consolo e a visita das Irmãs de Açu, até de Recife, o que muito me ajudou".

NA DELEGACIA DE POLÍCIA

Enquanto Augusto era levado para a Delegacia, deu uma entrevista a um jornalista de um canal de televisão, que foi transmitida em rede em vários telejornais: "Por que fez isso?". Ele respondeu: "Era uma freira moderna, no início deu em cima de mim, sabe como é, mas depois me deixou por outro chamado 'Coração'. Não me arrependo".

Na Delegacia, o assassino foi submetido ao seguinte interrogatório, que depois foi reduzido a termo:

– Qual o motivo que o levou a tirar a vida da Irmã Lindalva Justo de Oliveira? – perguntou o delegado.

Augusto respondeu com bastante frieza:

– Quando cheguei ao Abrigo, a freira me dedicava muita atenção, depois de repente houve uma mudança de comportamento. Começou a me discriminar. Lá tem um residente chamado Maurício, apelidado *Coração*, o qual me ajudou a ir para o Abrigo e que recebia um tratamento afetuoso e especial da Irmã. Saía com ele, dando-me a entender que Maurício era o seu preferido, mas também demonstrava que gostava de mim. Dentro de mim nasceu o amor por ela e parecia que eu era correspondido, tanto que no início ela mesma me pedia favores como jardineiro, e eu os fazia sempre. A Irmã Lindalva conhecia os meus sentimentos e, por isso, me tratava com indiferença, provocando meus ciúmes, diminuindo o meu eu.

O Delegado ouviu e, depois de uma pequena pausa, continuou:

– Você comprou a peixeira com a intenção de matar a freira?

Augusto, sem perda de tempo, respondeu:

– Comprei aquela peixeira pelo preço de quarenta mil cruzeiros na Feira de São Joaquim, na segunda-feira passada, dia 5 deste mês. Desde que a comprei não tenho dormido bem. Comecei a passar as noites em claro. Hoje, na hora do café da manhã, às 7 horas, fui ao refeitório com a peixeira na cintura, entrando pela porta de trás. Vi a Irmã Lindalva; tive uma sensação de revolta, de ciúmes por ter sido deixado de lado e não ter mais sua atenção; me arremessei com a arma e comecei a desferir os golpes. Quando ela caiu por terra, senti a necessidade de atingi-la ainda mais. Os internos tentaram intervir, porém, não permiti que ninguém se aproximasse.

O delegado, fitando-o nos olhos, perguntou:

– Depois do que fez, como se sentiu?

– Entendi que tinha cometido uma loucura! Joguei a peixeira numa das mesas do refeitório e me sentei numa sala para esperar que chegasse a polícia.

O policial continuou:

– Como julga seu estado e o grau do delito que cometeu?

– Sou mentalmente são, embora já tenha feito tratamento para os nervos. No passado tomei calmantes que, porém, há mais de um ano não tomo mais. Estou plenamente consciente de que este crime não tem justificativa, mas me senti desprezado e diminuído pelo modo como eu era tratado pela freira.

O delegado continuou impassível:

– Você usa drogas, é alcoólatra ou já foi processado?

– Fumo somente cigarros normais, não bebo, não fumo maconha. Tenho antecedentes por causa de uma briga com lesões corporais e indenização a um colega de trabalho, em Penedo.

O policial:

– Está arrependido do que fez?

– Agora que me acalmei, sim, estou arrependido, porém não posso voltar atrás, nem ressuscitar a morta.

O delegado, de repente, para tentar entender se da parte da vítima tinha havido qualquer ato de provocação, perguntou:

– Teve oportunidade de ver a freira sem o hábito?

– Não – respondeu Augusto ríspido, e acrescentou: – Nunca a vi sem os trajes que não fossem o hábito religioso.

– Em resumo, por qual motivo a matou? – continuou o delegado. – Por que estava apaixonado e queria ter relações sexuais com ela?

Augusto o olhou por um longo tempo e respondeu:

– Estava apaixonado. Eu a queria.

– Ela correspondeu alguma vez às suas pretensões?

– Não! Ela nunca correspondeu. Nunca.

Augusto foi levado à prisão para esperar o julgamento, no qual foi prontamente condenado.

O VELÓRIO DE UMA MÁRTIR

No fim da tarde daquela Sexta-feira Santa, partiu da Paróquia de Nossa Senhora da Boa Viagem a procissão com as imagens de Cristo morto e de Nossa Senhora das Dores, que devia percorrer as ruas do bairro. Quando passou diante do Abrigo, diversamente dos outros anos, entrou até a capela.

O pároco, Padre Tommaso, e os outros sacerdotes foram informados de que se esperava o caixão de Lindalva. Decidiu-se unanimemente fazer uma parada para participar da espera. As imagens sagradas foram levadas para a capela e se preencheu a espera com cânticos e preces. A capela estava abarrotada, bem como o pátio descoberto e as alamedas.

Lá pelas 19h chegou o carro fúnebre com o corpo de Lindalva. Parou no portão, e o caixão carregado passou entre duas alas da multidão. Houve quem se comovesse até as lágrimas, quem não pudesse deixar de bater palmas e até quem cantasse um hino em glória do Senhor.

O caixão, na capela, foi posto no centro entre as imagens sacras do Cristo morto e da Mãe de Deus, Nossa Senhora das Dores. E as imagens sacras permaneceram ali durante todo o velório noturno que se seguiu. Só foram levadas de volta para a paróquia depois do funeral.

Durante a noite inteira as freiras, os idosos e as pessoas amigas rezaram e cantaram. Participaram também os alunos das escolas da cidade e membros de outras congregações. Houve um fluxo contínuo de pessoas, um vaivém de gente que queria tocar ou rezar perto do féretro.

Todos estavam convencidos de que tinha morrido uma santa.

Quem fosse ao local do assassinato, poderia ainda ver no chão os sinais de sangue e no semblante dos idosos o tormento de não ter podido evitar aquela tragédia. Quanto sofrimento!

Ao longo das alamedas as pessoas tentavam obter maiores informações e os velhinhos, testemunhas oculares daquele delito tão inumano, eram abordados.

"A Irmã Lindalva era uma freira pura, pura, pura. Uma santa. Se tivesse cedido a seus desejos, ele não a teria matado. Em nome da minha consciência, ela é uma santa", repetia Raul.

"Se a Irmã Lindalva tivesse cedido aos pedidos do assassino, não estaria morta. Ela morreu porque não fez o que o assassino queria. É uma mártir", afirmava categoricamente Severiano.

"Eu tenho certeza, e não sou só eu, de que a Irmã Lindalva foi assassinada porque se recusou a concordar com os desejos daquele assassino. Por tudo aquilo que ela sofreu antes de ser assassinada, pelo motivo pelo qual foi assassinada e pela morte violenta que sofreu, eu e todos os outros a consideramos uma grande santa e uma mártir", concluía Valdomiro em sua fala.

Começou a se espalhar por toda a cidade a opinião de que aquela morte tinha sido um verdadeiro martírio. Irmã Lindalva morrera como mártir para defender sua pureza.

No dia seguinte, Sábado de Aleluia, não sendo possível celebrar a Santa Missa, só houve uma cerimônia fúnebre.

Participaram muitos sacerdotes, bispos, como o Cardeal Primaz, Dom Lucas Moreira Neves, muitas freiras de outras congregações, todos os velhinhos e velhinhas que conseguiam ficar de pé, além de muitas e muitas pessoas.

À opinião do martírio, que agora estava nas mentes e bocas dos internos, das freiras, dos sacerdotes e da gente comum, juntou-se uma voz investida de grande autoridade. O Arcebispo de Salvador e Primaz do Brasil, Dom Lucas Moreira Neves, durante a homilia da cerimônia fúnebre: "Não tenho dúvidas", disse, "de que a Irmã Lindalva é considerada pela Igreja como uma mártir. O instrumento usado no martírio deve ser conservado como uma relíquia, porque o sangue da vítima será a semente de novas vocações não somente para as Filhas da Caridade, mas também para todas as Congregações da Igreja de Deus".

Terminada a cerimônia, o caixão foi acompanhado até o cemitério por uma multidão.

No momento do sepultamento, as amigas mais íntimas, leigas e coirmãs entoaram um cântico que Lindalva sempre cantava para os doentes:

Deus é bom p'ra mim
Deus é bom p'ra mim
Contente estou
Caminhando eu vou
Deus é bom p'ra mim.

O RELATO

No dia 11 de abril, domingo de Páscoa, a Superiora Provincial das Filhas da Caridade, Irmã Edith Gomes da Silva, escreveu uma carta à Superiora-geral, Irmã Juana Elizondo. Trata-se de um documento particular, um relato dos próprios conhecimentos, um desabafo depois de um trauma fortíssimo. Surge um relato límpido de uma história "simples" da qual emerge sem dúvida o heroico sacrifício de Lindalva:

> A Irmã Lindalva Justo de Oliveira participou de todos os rituais da Semana Santa de sua paróquia. Na Sexta-feira Santa, embora não se sentisse muito bem, esteve presente na última *Via Crucis*, às 4h30 da manhã.
>
> Voltando ao Abrigo Dom Pedro II, logo começou a servir o café da manhã aos seus queridos velhinhos, ignorando que a *Via Crucis* há pouco feita teria como clímax o sacrifício de sua própria vida.
>
> Jesus subiu ao Calvário depois de sua *Via Crucis*; também a Irmã Lindalva, depois da procissão, subiu a longa escada da enfermaria (calvário), vestiu o avental de trabalho e começou a preparar o pão para servir o café da manhã aos idosos, quando, de repente, foi surpreendida brutalmente pelo delinquente que há três dias, de acordo com sua própria confissão, tinha premeditado o crime. De acordo com as informações de um idoso na enfermaria, o criminoso tinha se sentado num banco do jardim e, repentinamente, com a passagem de Irmã Lindalva, subiu apressadamente por outra escada. O delinquente, Augusto Peixoto, não perdeu tempo; tocou em seu ombro por trás e ela, virando-se para ver quem a tocava, recebeu a facada mortal na região acima da clavícula esquerda, que atingiu a veia jugular e penetrou profundamente no pulmão. Irmã Lindalva, depois de ter gritado, estendeu o braço direito, provavelmente para se defender, quando o assassino lhe desferiu novos golpes profundos no braço, antebraço e dedos.

Eis o testemunho de um idoso que se aproximou do local no momento do crime: quando ela já tinha caído no chão, o criminoso prendeu a perna direita de nossa Irmã entre as suas e, mantendo o corpo suspenso pelo braço, a golpeou profundamente nas costas, cabeça, tronco e membros; o velhinho lhe suplicou: "Não faça isso com a Irmã!". Ele respondeu: "Afaste-se, senão faço a mesma coisa com você; estou despedaçando a minha carne". E continuou com sua loucura.

Irmã Maria Dutra, que estava servindo o café da manhã noutra enfermaria, ouvindo o grito abafado, correu para ver o que estava acontecendo e se viu diante da terrível tragédia; teve a coragem de pegá-lo por um braço, mas não pôde fazer nada porque foi ameaçada de sofrer a mesma coisa. Nesse momento Irmã Lindalva tinha acabado de morrer. O criminoso ameaçava também os idosos da enfermaria, dizendo que faria a mesma coisa com quem se aproximasse, e repetia: "Estou satisfeito com o que fiz".

A segunda freira que chegou ao local, Irmã Geraldina, não esperando encontrar tal cena, gritou descontrolada: "Meu Deus, quem foi?". O criminoso, que estava na sala, ergueu a peixeira e disse: "Fui eu, e farei a mesma coisa com quem se aproximar; podem chamar a polícia, não estou arrependido". Irmã Geraldina, aterrorizada e imóvel, permaneceu esperando por sua vez, já que ele se encaminhava para ela, limpando a peixeira suja de sangue em suas roupas.

Graças a Deus estava chegando um médico do Abrigo, o qual, estendendo a mão à Irmã, ajudou-a a caminhar e descer a escada. Este médico telefonou para a polícia, que chegou minutos depois e, em seguida, a imprensa e a TV invadiram o local contra a vontade das freiras. O corpo foi logo transportado para o Instituto Médico Legal, onde foi feita a autópsia que revelou que tinham sido 44 facadas, das quais 39 bem profundas. O corpo só foi liberado às 18h30 devido às numerosas suturas que precisaram fazer para recompô-lo.

Foi um grande consolo a solidariedade do clero, das congregações religiosas, movimentos laicos, dos Evangélicos e outros...

Monsenhor José Carlos (Melo), nosso antigo diretor provincial, agora Bispo Auxiliar em Salvador, Bahia, esteve presente desde os primeiros momentos até o funeral.

Por ocasião do serviço fúnebre da Irmã Lindalva, o Cardeal Dom Lucas Moreira Neves ressaltou a importância do serviço prestado pela saudosa Irmã Lindalva aos idosos e, associando o sacrifício de sua vida ao sacrifício de Cristo, disse que, como ele, ela também tinha cumprido sua *Via Crucis*, recebendo Cristo cinco feridas e a Irmã Lindalva, 44 em todo o corpo. Relembrou também que não era a primeira vez que uma religiosa era sacrificada no cumprimento de sua missão: Santa Agostinha fora assassinada enquanto prestava cuidados médicos a um doente, o qual lhe tirou a vida usando os próprios instrumentos cirúrgicos. Assim retribuía o ato de caridade. E, prosseguindo, disse: "Também a Irmã Lindalva tinha sido assassinada por quem recebia seus cuidados da mesma forma que os outros internos, e seu assassino havia usado um objeto que, se tinha sido comprado de propósito para o crime, era, todavia, um instrumento que serve para a preparação de alimentos". Concluindo, ele disse: "Não tenho dúvidas de que a Irmã Lindalva é considerada pela Igreja uma mártir, e o instrumento usado em seu martírio deveria ser conservado como uma relíquia, porque o sangue da vítima será a semente de novas vocações, não somente para as Filhas da Caridade, como também para todas as Congregações da Igreja de Deus".

A opinião de que a Irmã Lindalva devia ser considerada uma nova mártir não era fruto de uma causa emocional, mas de profunda consciência. Na madrugada de domingo, o próprio Cardeal Primaz o repetiu na mensagem dominical publicada no jornal diário *A Tarde*,[1] totalmente dedicado ao sacrifício da Irmã Lindalva.

A mensagem começou com a definição da morte da Irmã como "aquela do justo e do inocente, como a de Cristo". Depois se aprofundou no assunto, acrescentando:

No momento do holocausto horrível, mas fértil, ela se preparava para servir, como ele havia dito: "Não vim para ser servido, mas

[1] 18 de abril de 1993. Ver "Eco da Companhia" das Irmãs da Caridade, n. 7-8, jul./ago. 1993.

para servir e dar a vida para o resgate do mundo" (Mateus 20,28). Seu corpo, segundo o relatório médico-legal, sofreu 44 facadas; como no corpo de seu Mestre, contam-se 39 feridas da flagelação, mais 2 estigmas nas mãos, 2 nos pés e 1 no Sagrado Coração.

Depois de tal introdução, o Cardeal concentrou seu discurso no conceito fundamental que desejava exprimir:

> Desde os primeiros séculos nossos irmãos de fé, os teólogos e mestres espirituais viam grande afinidade entre o martírio e a vida religiosa. Dois modos de oferecer o dom da vida em sacrifício e holocausto: uma o prolongamento natural da outra.
> À Irmã Lindalva foram suficientes poucos anos de vida religiosa para coroá-la com o martírio. Porque se trata de martírio, uma vez que ela simplesmente deu a vida [...] como prova do grande amor a Deus e a seus irmãos [...]. As Irmãs do Abrigo podem muito bem conservar o hábito religioso como relíquia. E, por que não, a peixeira que serviu para o sacrifício?

A relação entre o sacrifício da Irmã Lindalva e aquele da Paixão de Cristo e o conceito de martírio eram compartilhados amplamente pelo clero; tanto é verdade que foram retomados por Dom José Carlos Melo, Bispo Auxiliar, e Padre Roque Lé nas homilias escritas para a celebração fúnebre que ocorreria na semana seguinte.

Suas expressões não permaneceram no recinto da Igreja e da celebração, mas foram retomadas num artigo de Pereira de Sousa, mais uma vez no jornal *A Tarde*.[2]

---

[2] Sexta-Feira, 23 de abril de 1993. Ver "Eco da Companhia" das Irmãs da Caridade, n. 7-8, jul.-ago. 1993.

MANIFESTAÇÕES DE DEVOÇÃO

Depois da consternação e da grande participação no funeral, a fama da santidade e do martírio da Irmã Lindalva não diminuiu, mas foi sempre crescendo.

Surgiram espontaneamente duas expressões de devoção que a lembram: uma pública e outra privada.

A pública é constituída pela celebração litúrgica na Capela do Abrigo por ocasião do aniversário de seu sacrifício, a cada 9 de abril, além de outra celebração mensal nas Casas da Província das Filhas da Caridade.

Há também a devoção privada que leva as coirmãs, os idosos e a gente comum a irem rezar no túmulo, ou perto do local do martírio, pedindo sua intercessão.

Muitas pessoas solicitam sua intervenção e nutrem uma sincera devoção por ela, porque estão firmemente convencidas de que, com os méritos adquiridos mediante seu sangue inocente, a Irmã Lindalva pode obter do Coração do Senhor os favores de que precisam.

São numerosos os sinais de graças recebidas na Postulação dos quais se poderia falar, mas achamos oportuno relatar somente um como exemplo a favor de seus queridos idosos, após poucos dias de sua morte.

Antes da missa de sétimo dia, as Irmãs já tinham as malas prontas, os documentos assinados, porque estavam obrigadas a deixar o Instituto, quando uma interna foi à Superiora, Irmã Maria Tereza, e lhe disse: “Não vão embora, porque a Irmã Lindalva me consolou num sonho dizendo que não ficasse triste porque vocês não irão embora".

E assim foi. Inesperadamente não se concretizou a transferência das freiras que até hoje prestam seu serviço de caridade no Abrigo.

O PROCESSO DE BEATIFICAÇÃO

A Congregação das Filhas da Caridade e a Arquidiocese de Salvador, considerando a fama duradoura do martírio, acharam oportuno iniciar as formalidades canônicas para o reconhecimento oficial desse sacrifício aceito em nome do Redentor.

Prosseguiu-se com a escolha e a nomeação de Padre Paolo Lombardo como postulador.

O primeiro ato foi aquele tão desejado pelas freiras e pelos internos do Abrigo, isto é, trasladar o corpo da Irmã Lindalva do cemitério onde tinha sido enterrado, levando-o para a Capela do Abrigo, o que ocorreu em 19 de junho de 1999.

Depois, no ano 2000 do Jubileu do Senhor, no dia 17 de janeiro, às 9h, na Catedral Primacial de Salvador, na Bahia, o Cardeal Primaz do Brasil, Dom Geraldo Majella Agnelo, a pedido de Padre Paolo Lombardo, postulador da causa, constituiu o tribunal para dar início ao Processo Informativo sobre a vida, o martírio e a fama do martírio da Serva de Deus, Lindalva Justo de Oliveira, religiosa da Congregação das Filhas da Caridade de São Vicente de Paulo.

Foram nomeados o Reverendo Dom Enrique Perez Pujol, juiz delegado, Monsenhor Walter Magalhães de Souza, promotor da fé, a sra. Ednalda Martins dos Santos, tabeliã auxiliar, e a sra. Maria Auxiliadora Andrade Mota, tabeliã adjunta.

No mesmo dia o tribunal iniciou o interrogatório de trinta e quatro testemunhas, executando também duas cartas rogatórias: uma na Arquidiocese de Natal, onde tinha nascido a Serva de Deus, e outra na Arquidiocese de Olinda, Recife, onde fez o Postulado e o Noviciado.

O tribunal tinha também providenciado a nomeação de uma Comissão Histórica, que pesquisou em vários arquivos eclesiásticos, civis, penais, de enfermagem e nas hemerotecas toda a documentação, permitindo dessa forma que se tivesse à disposição tudo que fosse útil para reconstituir fielmente o itinerário humano, espiritual, formativo e cultural da Serva de Deus, além da reação e do juízo da opinião pública quanto ao crime. Foram assim localizadas vinte e cinco cartas de Irmã Lindalva a sete correspondentes, seis cartas das superioras e coirmãs que lhe diziam respeito diretamente; treze declarações de conhecidos e de amigas, além do vínculo do crime na carta oficial da Provincial à Superiora-geral; os documentos do Tribunal Civil (denúncia, testemunhos, autópsia); os jornais e revistas que trataram do caso.

O tribunal, depois de interrogar todas as testemunhas e obter a documentação da Comissão Histórica, em 3 de março de 2001 declara encerrado o Processo.

Depois das várias passagens de praxe na Congregação das Causas dos Santos em Roma, o postulador, Padre Paolo Lombardo, em 7 de março de 2002, encerrava com as seguintes palavras a petição ao Santo Padre:

> Fazendo-me intérprete diante de Vossa Santidade da confiante expectativa da Congregação das Filhas da Caridade de São Vicente de Paulo, da Arquidiocese de Salvador, e de tantas outras pessoas que, com aquela inspiração que se origina no Espírito,

souberam ver de imediato nesse sacrifício um testemunho de amor profundo, até o derramamento de sangue, da Irmã Lindalva para com Nosso Senhor Jesus Cristo, venho entregar à guarda do juízo competente da Congregação a presente *Positio super martyrio,* elaborada pelo Prof. Gaetano Passarelli, sob a direção atenta do Relator Monsenhor José Luiz Gutierrez.

No domingo, 2 de dezembro de 2007, a Igreja proclamou Irmã Lindalva bem-aventurada, reconhecendo oficialmente seu martírio, durante uma cerimônia realizada no Estádio Manoel Barradas, em Salvador.

O Cardeal José Saraiva Martins, então Prefeito da Congregação das Causas dos Santos, presidiu o rito de Beatificação, durante o qual pronunciou a seguinte homilia:

> Foi para mim uma alegria verdadeiramente grande poder presidir, em nome do Santo Padre Bento XVI, o rito solene da beatificação da Irmã Lindalva, que é a primeira Filha da Caridade brasileira a ser elevada às honras dos altares.
> Desejo me congratular vivamente com a Igreja de Deus em Salvador, na Bahia, com as Filhas da Caridade das seis províncias brasileiras e com todo o povo de Deus, que encontrará nesta jovem religiosa de nossos tempos o sentido de um forte pertencimento, porque ela é um deles, viveu numa favela do Nordeste brasileiro, numa família numerosa e pobre, cuja mãe se encontra hoje aqui entre nós. Uma mártir de nossos dias para servir de exemplo particularmente aos jovens por seu testemunho de simplicidade, de pureza, de alegria de viver e de doação a Cristo.
> Num capítulo importante da Exortação Apostólica *Sacramentum caritatis*, o Santo Padre Bento XVI ressaltou o nexo fundamental entre a celebração dos Mistérios Divinos e o testemunho da vida, entre a experiência do encontro com o Mistério de Deus, fonte de assombro e de alegria interior, e o dinamismo de um empenho renovado que nos leva a sermos "testemunhos de seu amor". A bem-aventurada Lindalva nos deixa hoje mais do que nunca convencidos de que é exatamente o testemunho coerente e luminoso dos crentes "o meio pelo qual a verdade do amor de Deus atinge

o homem na história, convidando-o a acolher livremente esta novidade radical" (*Sacramentum caritatis*, 85).
Portanto, ressoa com toda sua força a recente admoestação de Bento XVI ao considerar mais do que necessário "reapresentar o exemplo dos mártires cristãos, sejam eles da antiguidade ou de nossos dias, em cujas vidas e testemunhos, levados até o derramamento de sangue, se manifesta de modo supremo o amor de Deus" (*Mensagem aos participantes da XII Sessão Pública das Academias Pontifícias*, 8 de novembro de 2007).
Com a sua beatificação, a Igreja hoje consagra o holocausto cruel da Irmã Lindalva que, com certeza, agora sabemos poderá interceder por nós para que possamos segui-la nas pegadas de Cristo junto a São Vicente de Paulo e Santa Luísa de Marillac, para fazer nosso o chamamento aos valores essenciais de ser cristãos e consagrados: o amor absoluto e coerente por Cristo e seu Evangelho, a opção carismática preferencial pelos mais pobres desta terra, a prece como raiz fértil escondida em nosso agir, o otimismo da esperança, da alegria e do regozijo espontâneo que sempre deveriam acompanhar o nosso testemunho no mundo.
Certo dia, a quem lhe perguntou qual o segredo de tanta alegria, a bem-aventurada Lindalva respondeu: "O coração é meu e pode sofrer, mas o semblante pertence aos outros e deve ser sorridente".
Desejo a todos e peço por cada um ao Senhor essa vitalidade alegre que ela transmitia aos outros e que é a herança mais bela deixada por Lindalva a seus devotos, sabendo contagiar quem está por perto porque afunda suas raízes aos pés do Cristo Ressuscitado, sabendo bem que, enquanto filhos de Deus, somos todos chamados a nos tornarmos santos e que o caminho da santidade é o da liberdade para cada um.
Com profunda veneração é para mim um prazer comunicar-lhes agora a bênção paterna e apostólica do Santo Padre Bento XVI, para que acompanhe todos neste caminho apaixonante e exigente em direção à santidade.

CONCLUSÃO

Certo dia, São Bernardo de Claraval disse a seus monges: "Será considerado perfeito aquele que reunir em si estas três coisas: chorar consigo mesmo, alegrar-se em Deus e servir ao próximo. Agradecido a Deus, prudente com relação a si mesmo, útil a quem lhe está perto. Mas quem será capaz disso? Queira Deus, depois de anos, que se conseguisse ver em cada um de nós, não digo todas essas qualidades, mas ao menos uma delas".

Lindalva acrescentou o martírio...

Pensamos que tudo o que escrevemos até aqui tenha servido para conhecer esta jovem mártir brasileira, mas sua história não terminou: "Ninguém morre enquanto permanece no coração de alguém", e esse alguém são os fiéis que pedem sua intercessão junto ao Senhor.

Você, bem-aventurada Lindalva, deixou em cada um que a conheceu uma vívida lembrança e um afeto que não esqueceremos jamais. Esta lembrança se transmite de geração a geração.

CRONOLOGIA

1953 (20 de outubro)	Nasce Lindalva Justo de Oliveira no Sítio Malhada da Areia, Açu, no Rio Grande do Norte. Filha de João Justo da Fé e de Maria Lúcia de Oliveira.
1954 (7 de janeiro)	É batizada na capela de Olho d'Água por Mons. Júlio Alves Bezerra.
1961	A família se muda do distrito de Sítio Malhada da Areia para Açu.
1965 (15 de dezembro)	Faz a Primeira Comunhão Eucarística.
1973	Frequenta a Escola em Açu até o segundo ano ginasial, transferindo-se em seguida para Natal, onde conclui o curso na Escola Estadual Professor Luiz Antonio.
1979	Recebe o diploma de "Assistente Administrativo" no ensino médio na Escola Helvécio Dahe, na cidade de Natal.
1982	Morre seu pai. Nas horas vagas, aumenta suas visitas à Casa das Filhas da Caridade de São Vicente de Paulo e ao Instituto para os idosos. Numa noite, após a missa, escuta a exortação de Irmã Djanira Capistrano, Superiora da Casa.
1987	Conclui o curso de enfermeira (Enfermagem para o Lar).
1987 (12 de setembro)	Irmã Djanira escreve à Provincial sobre as intenções de Lindalva entrar no Postulado.
1987 (13 de setembro)	Solicita à Provincial, Irmã Heloisa Maia de Vasconcelos, sua entrada no Postulado.
1987 (28 de novembro)	É crismada na Igreja de São Pedro, Alecrim, Natal, Rio Grande do Norte, pelo Arcebispo Mons. Nivaldo Monte.
1987 (29 de dezembro)	Irmã Edith Gomes da Silva, nova Provincial, responde ao pedido de Lindalva para entrar no Postulado e fixa a data de chegada (9 de fevereiro de 1988) e de ingresso no Postulado (11 de fevereiro).

1988 (11 de fevereiro)	Aceita e admitida na Casa Provincial das Filhas da Caridade de São Vicente de Paulo, Província de Recife, Lindalva inicia seu Postulado no Educandário Santa Teresa, em Olinda, Pernambuco.
1988 (1º de março a 16 de junho)	Curso de datilografia em Olinda.
1988 (27 de agosto)	Começa a segunda fase do Postulado na Comunidade da Casa de Caridade Imaculada Conceição, em Nazaré da Mata, Pernambuco, onde passa nove meses.
1989 (16 de julho)	Inicia o Noviciado com outras cinco companheiras em Recife.
1991 (26 de janeiro)	Conclui o período de formação e é enviada à missão no Abrigo Dom Pedro II, em Salvador, onde coordena uma enfermaria com quarenta idosos do sexo masculino.
1991 (8 a 12 de julho)	Frequenta o Curso de Catequese Bíblica promovido pela Pastoral da Juventude, ministrado por Dom Lucas Moreira Neves e os Padres Antonio Joaquim Neto e Carlos Petrini, Irmã Sara Gurgel, Anailton dos Anjos e Padre Sergio Merleni.
1993 (9 de abril)	Foi assassinada por um dos internos, Augusto Peixoto, enquanto servia o café da manhã aos velhinhos, na Sexta-feira Santa, depois de ter participado da *Via Crucis* na Paróquia com a Comunidade.
1999 (19 de junho)	Exumação e traslado dos restos mortais de Irmã Lindalva do Cemitério de Salvador para a Capela do Abrigo.
2000 (17 de janeiro)	Abertura do Processo de Beatificação.
2001 (3 de março)	Encerramento do Processo.
2007 (2 de dezembro)	Em Salvador, na Bahia, proclamação solene de Irmã Lindalva como Bem-aventurada Mártir, na cerimônia presidida pelo Cardeal José Saraiva Martins em nome do Papa Bento XVI.

Rua Dona Inácia Uchoa, 62
04110-020 – São Paulo – SP (Brasil)
Tel.: (11) 2125-3500
http://www.paulinas.com.br – editora@paulinas.com.br
Telemarketing e SAC: 0800-7010081